WOLFRAM MARTIN

FASZINATION BEIZJAGD

WOLFRAM MARTIN

Faszination Beizjagd

LEOPOLD STOCKER VERLAG
GRAZ – STUTTGART

Umschlaggestaltung: Atelier Geyer, Graz
Umschlagfoto: Wolfram Martin
Abbildungen und Skizzen im Text:
a) Skizzen und Zeichnungen: Fr.-W. Ehlerding (1); J. Mangold (1); B. Meier (2); M. Neuhold (Grafik u. Schmuckleiste); S. Meier (2); J. Niederlechner (2); D. Schiele (1).
b) Fotos: M. Bodnár (2); Archiv CBVH (1); E.-W. Lückel (1); W. Martin (75); D. Nill (5).

Die Deutsche Bibliothek – CIP-Einheitsaufnahme

Martin, Wolfram:
Faszination Beizjagd / Wolfram Martin. – Graz ; Stuttgart : Stocker, 1998
ISBN 3-7020–0802-0

Hinweis:
Dieses Buch wurde auf chlorfrei gebleichtem, unter den Richtlinien von ISO 9001 hergestelltem Papier gedruckt.
Die zum Schutz vor Verschmutzung verwendete Einschweißfolie ist aus Polyethylen chlor- und schwefelfrei hergestellt. Diese umweltfreundliche Folie verhält sich grundwasserneutral, ist voll recyclingfähig und verbrennt in Müllverbrennungsanlagen völlig ungiftig.

ISBN 3-7020-0802-0
Alle Rechte der Verbreitung, auch durch Film, Funk und Fernsehen, fotomechanische Wiedergabe, Tonträger jeder Art, auszugsweisen Nachdruck oder Einspeicherung und Rückgewinnung in elektronischen Datenverarbeitungsanlagen aller Art, sind vorbehalten.
© Copyright by LEOPOLD STOCKER VERLAG, Graz 1998
Printed in Austria
Gesamtherstellung: Druckerei Theiss GmbH, A-9400 Wolfsberg

Inhalt

FASZINATION GREIFVÖGEL	9
GESCHICHTE DER FALKNEREI	17
Am Anfang war das Staunen – oder der Hunger?	17
Ein wahrhaft herrschaftliches Pläsier	21
Kaiser Friedrich II.	28
Malen, Beizen, Suchen – Renz Waller	30
Kulturgut Falknerei	37
Die Falknersprache	40
GREIFVÖGEL	45
Ordnung der Greifvögel	45
Allgemeine Beschreibung der Arten und Unterarten	48
Wanderfalke	50
Habicht	55
Steinadler	58
Gerfalke	63
Sakerfalke	66
Habichtsadler	67
Wüstenbussard	67
DAS ABTRAGEN	73
Der Erwerb eines Beizvogels	73
Unterbringung, Haltung	79
Gerätschaften	82
Armatur	85
Die Jagdausrüstung	86
Das Abtragen am Beispiel des Habichts	89
Faustfalke	97
Anwartefalke	103
Der Adler als Beizvogel	106
DIE BEIZJAGD	111
Das Revier	111
Der Vogelhund	113
Das Frettchen	117
Das Beizwild	119
Die Jagd mit dem Habicht	123

Inhalt

Die Jagd mit dem Falken 141
Mit dem Adler im Revier 151

DIE ZUKUNFT DER BEIZJAGD 163
Falknerorganisationen 163
Falkenhöfe 165
Zeitgenössische Jagdmaler 167
Greifvogelschutz 169
In eigener Sache… 173

ANHANG 1: Falknersprache und falknerische Begriffe 175

ANHANG 2: Falknerorganisationen 191

ANHANG 3: Literatur- und Quellenverzeichnis 191

*Es wird immer wieder Menschen geben, die der Faszination
unterliegen, Vögel an sich zu binden,
indem sie ihnen immer wieder die Freiheit geben…*

Horst Stern, „Bemerkungen über Greifvögel", o. O., o. J.

Faszination Greifvögel

Es gibt wohl keinen Menschen, der sich der Faszination der Vögel entziehen könnte. Wissenschaftler haben herausgefunden, daß sie weltweit zu den sympathischsten Tierarten überhaupt zählen. Zudem sind sie – neben den Meeresfischen, was aber gerne unterschlagen (verdrängt) wird – die freiesten Geschöpfe unserer Erde. Sie beherrschen seit Jahrmillionen einen Raum, eine Dimension, in die der Mensch mit all seinem Genius (und seiner Arroganz) erst sehr, sehr spät – durch die Fliegerei – einzudringen imstande war.

Vergegenwärtigen wir uns die Vielfalt der gefiederten Arten, fällt es schwer, zu sagen, was uns eigentlich so fasziniert und so beeindruckt. Mal ist es die Anmut, z.B. einer Bachstelze, dann das scharfe Auge (der Greifvögel), mal ist es der Gesang (von Nachtigall, Lerche, Sprosser), dann die Zierlichkeit (Kolibri, Zaunkönig). Einmal ist es Flugleistung auf dem Zug, dann wieder die Flugleistung über uns am Himmel (Mauersegler). Die Schwalbe im Haus ist – oder, besser, war – ein Glücksbringer, die Taube Symbol für Frieden, der Falke symbolisiert den Hardliner. Mal beeindruckt uns die kunstvolle Konstruktion des Nestes der Beutelmeise, dann wieder die Nähe des Weißstorches zum Menschen.

Vögel kommen im Wald, auf der Heide, im Feld und im Gebirge vor; es gibt sie als See-, Watt- und Wüstenvögel; Nacht- und Tagvögel. Es gibt sie in allen Farben schillernd, wie die Bienenfresser und Papageien, und dann wieder fast unsichtbar getarnt wie den Wendehals, die Schnepfe oder das Feldhuhn.

Die einen sind uns sympathisch – Storch Adebar –, die anderen (sehr zu Unrecht) unsympathisch, wie die Krähen oder die (Aas-) Geier. Den Schwan, so sagt man, finden einige Zeitgenossen sogar erotisch.

Doch das Beeindruckendste an ihnen allen – bis auf wenige Ausnahmen – ist, daß sie fliegen können. Die einen besser (man denke nur an den Langstreckenflieger Albatros oder den Schnellflieger Falke), die anderen schlechter (wie zum Beispiel die Bläßralle).

Frei wie ein Vogel, vogelfrei – das sind Begriffe, die uns, seit es die Schrift oder Malereien gibt, allgegenwärtig begleiten.

In fast allen Kulturen und bei fast allen Naturvölkern spielte die Welt der Vögel eine wichtige, meist mystische Rolle. Vögel, häufig Greifvögel, symbolisierten Macht, Kraft, Herrschertum. Vogelschmuck (nicht nur Federn!) verlieh Ansehen, Zauber und abermals Macht.

Symbole der Gefiederten finden sich in Höhlen und Pyramiden, auf Wappen und Waffen, auf Fahnen und Flaggen, auf Münzen und an altem Gemäuer, in Religionen und Reliquien. Vögel überall und allerorten; häufig, sehr häufig sogar Greifvögel, die früher (und biologisch richtig) Raubvögel hießen.

Vögel wurden und werden geliebt, verehrt, vergöttert, gejagt und gehaßt.

Kaum eine „Tier-Ordnung" entzweit den menschlichen Geist sosehr wie jene der Greifvögel. Der Adler, aufgrund seiner Größe, Stärke und „göttlichen Ausstrahlung" das Wappentier schlechthin, findet sich auf Münzen, schmückt Flaggen und Staatskarossen – und wurde verfolgt und ward verfemt. Mit allen Mitteln menschlichen Hasses versuchte man ihm nachzustellen und ihn auszurotten: Hie Göttervogel, da Kindsentführer.

Noch um die Jahrhundertwende, als die Jäger doch schon „aufgeklärt" hätten sein sollen, beschreibt unser guter Ludwig Ganghofer eine Adlerjagd.* Zunächst einmal ist er stinksauer und kann sich am erlegten guten zwölfendigen Berghirsch nicht erfreuen, da ihm dadurch der heißersehnte Schuß auf den vor ihm im Gestrüpp atzenden Adler verwehrt wurde: „...Die Freude an dem erbeuteten Hirsch war mir gründlich verdorben. Ich fluche in meinem Ärger."

Erst versucht Ganghofer es mittels Daueransitz der „Methode Dorn" (Leo Dorn war der „berühmteste" Adlerjäger des bayerischen Hochlandes) am Luderplatz in möglichst strengem Winter. Doch die Kolkraben sind schneller und weniger vorsichtig.

Dann macht er – mangels Adler-Waidmannsheils – einen Horst mit Jungen aus, an dem aber leider kein Schuß auf den Altvogel anzubringen ist. Abseilende Bergler horsten die Jungen aus, bringen sie an einen „schußgerechten" Felsüberhang in der Nähe, binden sie dort ohne Atzung so an, daß sie nicht hinunterfallen können. Tage später fliegt der alte Adler auf das Hungergeschrei der gefesselten Nestlinge herbei, und unser Adlerjäger kann aus nächster Nähe einen Schuß auf ihn anbringen, der ihn hinunterwirft, aber nicht tötet. Dies vollbringt ein Fangschuß. „Selten habe ich mir einen grünen Bruch mit solcher Waidmannsfreude auf den Hut gesteckt wie den Latschenbruch für diesen meinen ersten Adler."

Ein Wunder, daß Ganghofer den Adlerkönig Leo Dorn – der weit über hundert Adler geschossen haben soll – verehrt und ihm ein literarisches Denkmal gesetzt hat? Er schildert ihn, zu Recht, in allen Farben bayerischer Hemdsärmeligkeit und berglerischer Deftigkeit. Dorn mag durchaus das Bild eines urigen, kernigen Bergjägers verkörpert haben. Doch als Ganghofer sich amüsiert über die allgäuerische Verniedlichung des „Luedersvögele" ausläßt, wo doch der „gefährliche" Adler „...mit dritthalb Meter Spannweite in den Flügeln... (deren Schlag) einen Menschenarm zerbricht wie Glas...", ist dies mehr als schriftstellerische Übertreibung eines Hei-

---

* Ludwig Ganghofer, „Jagdbuch", 3. Auflage 1978.

Adler haben die Menschen seit jeher fasziniert; sie finden sich auf Wappen, Münzen, Geldscheinen. Der Weißkopfseeadler ist das Wappentier der USA (Foto: Nach einem Aquarell von Bodo Meier).

matdichters: es ist einfach falsch! Falkner wissen dies, denn sonst hätten sie alle gebrochene Gliedmaßen.

Doch will ich über den von mir sonst geschätzten Ganghofer nicht richten, zumal wir Jäger doch Jahrzehnte später es mit Fuchs, Ringeltaube, Elster und Krähe ähnlich gemacht haben. Wer will da den Stab brechen?

Spätestens seit (un-)menschliche Raff- und Habgier alles Getier in Gut und Böse zu klassifizieren versuchten, stempelte man Habicht und Sperber und in einem Aufwasch gleich alles, was einen krummen Schnabel hatte, zu Raubzeug, das vertilgt, bekämpft, vergiftet und geviertteilt werden mußte. Mit Gift, Schrot, Eisen, Pulver und Blei blies man zur Vernichtung des krummschnäbeligen Gefiederzeugs.

Im Kapitel „Vogelschutz" beschreibt K. G. Lutz[16]* folgendes:

„In dem Horste eines einzigen Habichts wurden nicht weniger als 3 junge Hasen, 5 alte Rebhühner, 2 Feldtauben, 1 Wildtaube und 31 verschiedene andere Vögel – junge und alte Singdrosseln, Schwarzamseln, Schnarrer, Finken etc. – aufgefunden. Hiervon waren 30 Stück ganz frisch geschlagen und mußten, da das zum Paare gehörige Weibchen schon mehrere Tage zuvor im Tellereisen… gefangen worden war, vom Männchen allein zusammengetragen worden sein… die der Habicht wahrscheinlich vom Neste weggeholt hatte."

„Die schädlichen Vögel lassen sich einteilen in… Vögel, welche wegen ihrer Räubereien unbedingt schädlich sind und keinerlei Nutzen gewähren. Es sind dies: der Wander-, Baum- und Zwergfalke (Merlin, Anm. des Autors), *Habicht und Sperber."*

Dabei, und dies gehört hervorgehoben, waren es nicht nur die Jäger und Taubenliebhaber, die den Raubvogelkrieg führten – nein, zumindest an der psychologischen Kriegführung haben sich sowohl Ornithologen, Biologen – allen voran der „große Brehm" – als auch Fiskus und Klerus mehr oder minder erfolgreich beteiligt. Noch zu meiner Kindheit (in den sechziger Jahren) wurden die zur Abschreckung ans Scheunentor genagelten Habichte von professioneller Seite bekreuzigt. (Daß darunter nicht selten ein Milan oder ein Kuckuck war, tat der klerikalen Kriegführung keinen Abbruch.)

Aber trotz Haß und Vernichtungsfeldzug hat es immer auch Zeichen von Achtung und Verehrung gegenüber dem Raubvogel gegeben, da man einerseits seiner Kraft und Geschicklichkeit, andererseits seinem Mut und der Schläue, aber auch der Flugkunst wenigstens ein Mindestmaß an Respekt zollte. Einmal war es der haßerfüllte Raubvogelblick – dann wieder funkelten die Augen voller Kühnheit. Schlug und raubte hier der Buschklepper Habicht hinterhältig ein armes Feldhuhn, stieß andererseits der wendige Sperber (Stößer) tollkühn mitten in die Sperlingsschar (für die es in den sechziger Jahren noch Fangprämien gab) und schlug rasant einen der (ebenfalls verhaßten) schilpenden Körnerfresser, so daß man nur den Hut ziehen konnte.

---

* Die Ziffern beziehen sich auf das Literatur- und Quellenverzeichnis im Anhang 3.

Der Adler wurde verfolgt, doch schmückte man sich auch gerne mit seinen Federn (allerdings nicht so kunstvoll wie die Indianer Nordamerikas). Man fing den verhaßten Habicht im Tellereisen oder Fangkorb und hängte sich gleichzeitig dessen starre Fänge an das Charivari (Anhänger für die Uhrkette). Jäger- oder Aberglaube, heidnisch-mystisch-mythische Helden- oder Beuteverehrung bis in unsere Zeit?

Die Faszination der Greifvögel wird man nur verstehen (bzw. versuchen, erklären zu können), wenn man in die Geschichte geht und sich andererseits mit den Greifvögeln und ihrer Biologie beschäftigt.

Sie – die *Falconiformes,* die Raubvögel – sind die wahren Helden und Herrscher im Reich der Gefiederten. Ihre Seh- und Flugleistungen, ihre Kraft, ihre Intelligenz (auch davon einiges später), ihre Jagdtaktik und -technik, ja, und auch ihre „Persönlichkeit" – ihr ungestümes, räuberisches, aber auch ihr verhalten „edel"-adliges Wesen – werden und müssen uns beeindrucken. Denn die Faszination Falknerei ist immer auch eine Faszination der *Falconiformes.*

Folgen Sie mir nicht unterwürfig (und leichtgläubig) wie ein Hund an der Leine, sondern wie der gut abgetragene Habicht während der Freien Folge – jederzeit bereit, sich fortzuschwingen. Doch meistens folgt er…

Reiherbeize ist eine Jagdlust großer Herren, da sie die Reiher mit abgerichteten Raubvögeln, Falken oder Blaufüßen fangen lassen. Man nimmt solche an einem schönen und stillen Tage vor und begibt sich zu Pferde mit den Falken an einen solchen Ort, wo man weiß, daß sich Reiher aufhalten. Wenn nun Stöberhunde einen Reiher aufgetrieben, der Falkonier auch zum rechten Vorteil den Vogel abgeworfen, und der Reiher den Falken gewahr wird, so speiet er den eingeschluckten Raub von kleinen Fischen währenden Flugs herab, um sich zur Flucht leicht zu machen, oder da er noch nüchtern, fänget er an mit besonderem Fleiß über sich zu steigen, daß er fast kaum zu sehen...

J. H. Zedler, „Universal-Lexicon" (1742)

Geschichte der Falknerei

Am Anfang war das Staunen – oder der Hunger?

Über den Anfängen der Falknerei liegt der Schleier der Geschichte. Die Wurzeln des Jagens mit Greifvögeln bleiben im Dunkeln verborgen. So (oder so ähnlich) steht es in – fast – allen Geschichts- und Naturkundebüchern, die sich mit der Falknerei oder Jagd beschäftigen. Eigentlich schade, denn für jeden praktizierenden zeitgenössischen Falkner – und für jeden Greifvogelfreund – müßte es doch reizvoll sein, zu erfahren, wie, wo und weshalb der Mensch es erstmals geschafft hat, sich ein frei jagendes Geschöpf auf die Faust zu bannen.

Hat überhaupt jemals irgendwer ernsthaft nach den Wurzeln der Falknerei gesucht oder geforscht? Ja, selbstverständlich, doch hierüber ist wenig zu erfahren.

Wahrscheinlich, dies ist wohl unumstritten, entstand die Falknerei bei jagenden Nomadenstämmen Vorder- oder Innerasiens. Im Raum des heutigen Iran, so Kurt Lindner,[15] müßte seit Mitte des letzten vorchristlichen Jahrtausends das Zentrum der Entwicklung der Falknerei liegen. Doch wann genau, wo und, vor allen Dingen, wie, das ist bis heute mehr als ungewiß.

Wir dürfen vermuten, daß diese jagenden Nomaden der Steppen oder Halbwüsten bereits den Hund als Begleiter und das Pferd als Reittier kannten, denn, soviel ist sicher, zu Beginn der Bronzezeit, um 3000 v. Chr., begannen Stämme Mittelasiens, aber auch Nord- und Westeuropas, mit der Zähmung des sonst nur als „Wildbret" gejagten Wildpferdes.

Da die Jagd mit abgetragenen Greifvögeln ein gewisses Maß an biologischem Wissen und relativ komplizierte Verhaltens- und Jagdtechnikfolgen voraussetzt, glaube ich, daß die Beizjagd, wie auch alle anderen Jagdarten, allmählich – nicht irgendwo von heut' auf morgen – entstand, sich also Schritt für Schritt entwickelte.

Vielleicht saß irgendwann einmal ein einsamer Jäger, ein Kundschafter etwa, auf irgendeinem erhöhten Felsen, hielt nach Wildherden Ausschau und beobachtete von seinem Ausguck – mehr aus Zeitvertreib denn aus biologisch-jägerischem Interesse – sich aufschwingende Falken. Er sah, wie sie höher und höher stiegen, wie sie sich dem Winde hingaben, in Schleifen und Kreisen höher und höher schraubten, um schließlich im Blau des spätmorgendlichen Himmels zu entschwinden. Irgendwann, lange dösende Minuten oder Halbstunden später, sieht unser Jäger wie zufällig einen Punkt am Himmel größer und größer werden, erkennt Form und Farbe, entdeckt Zweck und Ziel des pfeifenden Steilstoßes auf eine vom Wasser des nahen Flusses buschwärts ziehende Ente und zieht, ob des rasanten Todesstoßes mit aufwirbelnder Federwolke die wie plötzlich luftlos herabsinkende Wasserwildbeute,

erstaunt und überrascht die buschigen Brauen anerkennend zusammen. Erkennt und entdeckt aber auch gleichzeitig die bescheidene Bodengebundenheit seines tristen Jägerdaseins.

Vielleicht entstanden hier der Wunsch und Wille, nicht nur einmal *wie* die Falken, sondern auch *mit* ihnen zu jagen. Vielleicht?

Vielleicht aber hielten auch einige Stämme, ähnlich den Indianern Nordamerikas, ausgehorstete Jungadler in Käfigen, um ihnen später, nach voller Befiederung, die wertvollen Federn auszuziehen, sich damit zu schmücken und das eigene Ansehen zu steigern?

Vielleicht banden ihnen einige Buben Schnüre um die Fänge und ließen sie dann, um ihr Wohlergehen bemüht, fliegen? Vielleicht schlug bei einem derartigen „Frei"-Flugvergnügen der eine oder andere vorwitzige Jungadler einen nachlässigen, schwächlichen Junghund – und legte so den Grundstein für die spätere Beizjagd?

Vielleicht sah dies ein Medizinmann, ein Schamane, und kam auf die Idee, auf solche Weise seine Stellung zu festigen und den Stamm gleichzeitig mit Fleisch zu versorgen. Wer weiß?

Wir können annehmen, daß die damaligen jagenden Nomadenvölker der Steppen und Halbwüsten in jagdlich paradiesischen Verhältnissen gelebt haben. Weide, Weite und Wild in Hülle und Fülle. Man brauchte nur hinauszugehen, und binnen Minutenfrist hatte man mittels Speer, Pfeil oder Steinschleuder seinen Braten. So könnte es gewesen sein.

Wahrscheinlicher jedoch ist, daß bei diesen frühen Jägern der gesamte Jahres- und Tagesablauf vom Nahrungserwerb und damit vom Überlebenskampf bestimmt und geprägt war. Die Sippen und Stämme wurden immer zahlreicher, das Wild ob des Jagddruckes immer heimlicher und vorsichtiger, die Sorgen der Jäger immer größer. Nur mit viel Jagdverstand, mit Taktik, Tücke und Tüchtigkeit war es überhaupt möglich, auf Speerwurfweite heranzukommen. Neidvoll beobachtete man den kraftvollen Adler, wie er mit starken Schwingen überfallartig den Gazellen nachstellte, sie auf weite Entfernung anjagte, band und fern des menschlichen Auges kröpfte und verschlang.

Voller Respekt und Hochachtung blickte man den wendigen Falken nach, wie sie aus großer Höhe mit unglaublicher Beschleunigung herniederstießen auf Gans, Ente,

Links oben: Beim („göttlichen") Horusfalken der alten Ägypter handelt es sich offensichtlich um einen Wanderfalken (wahrscheinlich brookei); die Beizjagd war im Ägypten der Antike jedoch unbekannt (Foto: E.-W. Lückel).
Rechts oben: Wanderfalkenstudie (Foto: Nach einem Gemälde von Josef Niederlechner).
Unten: Renz Waller beim Beizvogelappell anläßlich einer Ordenstagung des ODF (Foto: Verfasser).

Taube oder Trappe. Vielleicht wurden hier Idee und Wunsch geboren, die freien Jäger der Lüfte zu zähmen und sie für eigene jagdliche Zwecke zu nutzen. Vielleicht?

So reizvoll für uns heutige Falkner die Vorstellung sein mag, sich die Ur-Falkner allein aus Lust und Freude am Jagen vorzustellen – und nicht als banale „Fleischmacher" –, realistisch (und richtig) scheint zu sein, daß der Hunger, zumindest die Sorge ums Überleben, der Vater des Gedankens der Jagd mit Raubvögeln war.

„Der Vogel muß seinen Mann ernähren", lautet ein alter Spruch der Beduinen. Wir können daraus folgern, daß die ersten Falkner mit Beizvögeln jagten, die in der Lage waren, weit größeres und stärkeres Wild zu schlagen, als sie selbst atzen konnten. „Ein Falke ernährt seinen Falkner – der Adler frißt ihn arm", erkannten wohl auch schon die ersten Beizjäger der Urzeit.

Lösen müssen wir uns (wahrscheinlich) auch von der Vorstellung, wie sie uns alte Meister in Stich, Radierung und Gemälde weismachen wollen: daß die wilden Reitervölker im Galopp, den Falken auf der Faust, über die Steppe preschten. Nach Auskunft von Fachleuten (mündl. E. Stock) erlaubt das Reiten mit dem Vogel auf der Faust nur den Schritt, mit Ausnahme des Angaloppierens kurz vor dem Werfen. Ist der Vogel frei und folgt dem Reiher, dann, ja dann fliegen Pferd und Reiter über Heide und Hügel dahin, dem Falken nach.

Möglich – und in der Tat nicht ganz unwahrscheinlich – ist, daß die Ur-Falkner mit ihren Greifen gar nicht jagten, sondern sie nur als „lebende Drachen" benutzten, um näher an sich drückendes Federwild zu gelangen. Vielleicht waren die ersten „Beiz"-Vögel Bussarde und Milane (die ja auch tatsächlich viel einfacher abzutragen sind als die „echten" Beizvögel) und das erste „Beiz"-Wild Wachteln und Rebhühner, und man schlug die armen, sich unter dem kreisenden Greif drückenden Kreaturen einfach tot. Vielleicht?

Betrachtet man die Waffen der vorchristlichen Steppenvölker, wird klar, daß damit die Jagd auf Flugwild mehr Zufall war als gezielte Fleischbeschaffung. Auch dies – die erfolgversprechende Jagd auf Flugwild – könnte Ur-Motiv des Jagens mit abgetragenen Beizvögeln gewesen sein. Könnte…

Sicher, weil in Schrift und Bild nachgewiesen, ist (fast alle diesbezüglichen Aussagen gehen auf Brehm über v. Riesenthal und Marco Polo* zurück), daß nach Mitteilung des holländischen Generals von Ardesch[16] bereits der griechische Dichter und Arzt Ktesias aus Knidos um ca. 405 v. Chr. berichtete, daß die Beizjagd am Hof des Perserkönigs Artaxerxes II. (gest. um 358 v. Chr.) gepflogen wurde. Allerdings steht besagter Grieche bei den Geschichtsforschern in keinem sehr guten Licht, da alle seine Geschichten mehr amüsanten denn authentischen Charakter haben. Aber immerhin…

---

* Heutzutage werden sogar die Reiseberichte des venezianischen Kaufmanns in Frage gestellt – doch waren sie jahrhundertelang *die* Quellen…

Ein wahrhaft herrschaftliches Pläsier

Gewiß hat sich die Falknerei mit der Islamisierung des indischen Subkontinents verbreitet. Aber auch schon die Chinesen sollen (zwischen 700–300 v. Chr., so unsicher sind hier die Quellen) bereits gebeizt haben.

Um 75 n. Chr. jagten die Thraker von der Ägäis bis zur Donau bereits mit Falken, und gegen 330 n. Chr. spricht der sizilische Rhetor Julius Firmicus Maternus als erster von der Falkenjagd in Europa.[3]

Viele Geschichtsschreiber behaupten, daß mit dem Hunnenfürsten Attila die Beizjagd nach Europa gelangt sei.* Im Sommer 1996 war ich in Halbturn (Burgenland), um anläßlich einer bemerkenswerten Ausstellung über die Hunnen und Awaren etwas über die Anfänge der Beizjagd zu erfahren, aber nichts, nicht die geringste Spur wies darauf hin, daß die Hunnen Falknerei betrieben hätten. Gesichert ist nur, daß ein weißer Falke Attilas Schild zierte; hierauf auf die Falknerei zu schließen, ist Spekulation, denn Falken – besonders weiße – galten jahrhundertelang als „göttliche" Reichs- und Machtsymbole. Wahrscheinlich ist vielmehr, daß im Verlauf der Völkerwanderungen und Völkerströme westwärts im Gefolge der Hunnenfeldzüge die Falknerei von den asiatischen Nomadenstämmen nach Europa gelangte (mündl. Frau Dr. S. Schwenck). K. Lindner[15] nimmt an, daß die germanischen Volksstämme im zweiten nachchristlichen Jahrhundert bei ihrer Begegnung mit Skythen und Sarmaten von der Jagd mit Raubvögeln erfuhren. – Am Hofe Dschingis-Khans wurde die Falknerei in großem Stil und mit gewaltigem Aufwand betrieben.

Bei den Römern war die Beizjagd um 480 n. Chr. zwar bekannt, aber wenig verbreitet. Ein gewisser Hecdicius (Sohn des weströmischen Kaisers Avitus) behauptete von sich, erster römischer Falkner zu sein. *„…Da sein Vater 455 von dem Visigoten Theoderich II. als Oberbefehlshaber von Gallien eingesetzt worden war, könnte Hecdicius diese Jagdart bei den Galliern kennengelernt haben"* (Zitat aus[24], Ausgabe Nr. 9). – Dies könnte stimmen, denn Sidonius Apollinaris, um 470 Bischof von Clermont, berichtet in seinen Schriften, daß die Beizjagd im südwestlichen Gallien sehr beliebt gewesen sei.

Um 506 war die Falknerei immerhin schon soweit verbreitet, daß sie Thema von Kirchenversammlungen war: damals wurde den Geistlichen das Halten von Hunden und Beizvögeln verboten.

Im 9. Jahrhundert schrieb der angelsächsische König Egbert von Wessex an Bonifatius, Erzbischof zu Mainz, und bat ihn um einige Falken für die Kranichbeize.

Karl der Große erließ bereits eindeutige Verordnungen mit Gesetzescharakter, was jemanden als Strafe zu erwarten hatte, der einen *„Valken, Sperber oder Habich stilet…"*,

---

* Vgl. Jagd-Lexikon, 6. Auflage 1994.

und Kaiser Friedrich I. Barbarossa soll selbst Falken abgetragen haben – aber vermutlich hat er sie nur getragen. – Immerhin gab es Nachahmer: Markgraf Rinaldo von Este hielt unter erheblichen Kosten 150 Jagdfalken, und Heinrich VI., Sohn Friedrichs I., galt ebenfalls als großer Falkner.

Der Stern der Falknerei ging freilich erst mit Kaiser Friedrich II. (1212–1250) auf. Ohne ihn wäre die Falknerei in Europa niemals zu jener Blüte gereift und nach der Französischen Revolution wahrscheinlich für immer in Vergessenheit geraten. Das Werk des Hohenstaufers wirkt bis heute nach, weshalb ich dieser faszinierenden Persönlichkeit ein eigenes Unterkapitel widmen werde. – Zuvor aber noch einige historische Daten in Sachen „Falknerei":

Schon das alte burgundische Recht unter König Gundobad (501–516) kannte Strafen für Falkendiebstahl. Gundobad war ein Nachfolger des sagenumwobenen Königs Gunther aus dem Nibelungenlied, den die Hunnen 436 besiegten. Hier, im Nibelungenlied, taucht ein königlicher Jagdfalke auf (1. Aventiure, 13. und 14. Strophe): *„Die tugendhafte Kriemhilde träumte, / daß sie einen wilden Falken tagelang abtrug. / Den zerissen ihr dann zwei Adler."*

In Preußen errichtete Ulrich von Jungingen, der Hochmeister des Deutschen Ordens, um 1400 eine eigene Falknerschule, und im Jahre 1530 gab Kaiser Karl V. dem Johanniterorden die Insel Malta zum Lehen unter der Bedingung, jährlich einen „weißen Falken" zu bekommen.[3] – Schon zuvor hatte Kaiser Maximilian I. an seinem Hof 15 Falknermeister und an die 60 Falknerknechte beschäftigt. Seine Gemahlin Maria von Burgund, „Karl des Kühnen edle Tochter", fand anläßlich einer Beizjagd durch einen Sturz vom Pferd den vorschnellen Tod.

In der Zeit des Großen Kurfürsten Friedrich Wilhelm von Brandenburg (1640–1688) stand die Jagd auf voller Höhe. 1657 und 1664 werden die Falknermeister Bienen und Borchardt eingestellt, 1684 wird das Falknereipersonal durch vier Falkoniere vom Hof des späteren Kurfürsten Ernst August von Hannover noch verstärkt.

Unter König Friedrich I. (1701–1713) sind die Mitteilungen bezüglich Falknerei spärlich. Erst König Friedrich Wilhelm I. (1713–1740) war der Beizjagd wieder zugetan, wie er überhaupt ein „gewaltiger Waidmann" gewesen sein soll. Falkenhöfe gab es in Wusterhausen, Potsdam und Lehnin. Mit zunehmendem Alter verlor der König jedoch die Lust am Beizen, und 1730 soll die letzte Beizjagd in Wusterhausen stattgefunden haben.

Unter den Fürsten des 18. Jahrhunderts mit hochentwickelter höfischer Beizjagdtradition sind insbesondere Josef I. und Karl VI. sowie Maria Theresia zu nennen, ferner Markgraf Karl Wilhelm Friedrich von Brandenburg-Ansbach (der in 25 Jahren mehr als 34.000 Stück Wild beizte) und die Herzöge in Bayern. Die Wittelsbacher waren der höfischen Beize ebenfalls zugetan, und so verwundert es nicht, daß der im Jahre 1700 geborene Clemens August aus gleichem Geschlecht, der seine Jugend in

Graz und Klagenfurt verbrachte, uns durch sein Jagdschloß Clemenswarth als auch sonstigen Überlieferungen nach als „großer Falkner vor dem Herrn" in Erinnerung ist.

König Friedrich II., der Große (1740–1786), war weder Jäger noch Falkner. Mit einem Friedrich II. (dem Staufer) hatte die Beizjagd ihren Aufschwung genommen, mit einem Friedrich II. (dem Hohenzoller) erlebte sie (vorerst) in Preußen ihren Niedergang.[5 (1976/77)]

Doch nicht nur auf dem europäischen Festland entwickelte sich die Beizjagd zu höfisch prunkvollem Gepränge, auch die Briten und die Angelsachsen fanden zunehmend Gefallen an diesem „Sport". So zeigt etwa der berühmte Wandteppich von Bayeux, wie der in der Schlacht von Hastings (1066) besiegte angelsächsische König Harold II. sein Land mit einem Beizfalken auf der Faust verläßt.

Nur selten verließ ein britischer Adliger seinen Besitz ohne seinen Beizvogel. Aber auch Sebastian Brandt beklagte im Jahre 1485 die Unsitte des deutschen Adels, mit den gefiederten Lieblingen sogar die Kirchen zu betreten.

Dem französischen König Philipp II. August entflog im Jahre 1191 während des 3. Kreuzzuges in Ptolemais ein „weißer Falk". Diesen fingen Soldaten des Sultans Saladin ein. Obwohl der König 1.000 Goldstücke bot, behielt der Sultan die „seltene wertvolle Beute".

In Frankreich zogen Ludwig XI. und Karl IX. Hirsch- und Niederwildjagden der Beizjagd vor, hielten aber dennoch, aus „Reputanz", Beizfalken. Heinrich IV. und Ludwig XIII. hingegen waren begeisterte Falkner. Unter Ludwig XIV. verfiel die „höfische Kunst", und mit der Französischen Revolution fand sie zunächst überhaupt ihr Ende.

Daß sich die Falknerei trotz Kriegen und anderen Nöten auf vielen europäischen Höfen hielt, zeigen beispielhaft gleich mehrere Gemälde (die heute noch in Fulda zu sehen sind) des hessischen Hofmalers Johann Heinrich Tischbein d.Ä.:[17] Der Ring, den die Prinzessin Christine Charlotte von Hessen-Kassel dem gebeizten Reiher anlegt, trägt die Jahreszahl des Endes des Siebenjährigen Krieges: 1763. Die dargestellten Jagdszenen deuten darauf hin, daß die Beizjagd im Reiherwäldchen um Wabern – unweit Kassel – genau anläßlich des Friedensschlusses stattgefunden haben muß, denn der Gast des Landgrafen Friedrichs II. von Hessen-Kassel ist der kaiserlich-österreichische Generalfeldmarschall Karl August Friedrich, Fürst zu Waldeck und Pyrmont.

Verläßt man nun die festlich geschmückte Rokoko-Gesellschaft und wendet den Blick auf das Falknerisch-Jagdliche, so entdeckt man in der Tischbeinschen *Reiherbeize*[17] bemerkenswerte Details:

Alle Beteiligten tragen die rote (!) Jagduniform der Reiter. Der Meister-Falkonier, Heinrich Verhuven aus Holland, ist am Kurzschwert und dem umgehängten Federspiel erkennbar. Das Bild *Falkenjunge mit Trage* zeigt einen Jung- oder Hilfsfalkner,

der das „Jahreskontingent" von sechs Islandfalken, die mit prachtvollen Troschhauben in Rot und Blau verkappt sind, auf einer Cage heranbringt.

Nachdem der oder die Falken (es wurden zwei in Kompanie geflogen) den Reiher geschlagen hatte(n), zog man ihm als Trophäe die schmalen langen Kopffedern heraus und beringte ihn. In dieser Szene der *Reiherbeize* sind drei Falkner – Ruyers, Verbrüggen und Berckers, so die Überlieferung – damit beschäftigt, Falken und Beute zu versorgen: Der eine hält den Reiher unter dem Arm zur Beringung bereit, der andere nimmt den mittels einer Locktaube herangeholten Falken auf, und der dritte atzt bereits seinen Vogel auf. Die Beringung selbst war ein höfisches Zeremoniell und blieb einer hochgestellten Dame des Hofes vorbehalten (siehe oben).

Mit der Französischen Revolution, spätestens um 1800, kam es zum Niedergang der prunkvollen höfischen Jagden, doch blieb es Niederländern und Engländern vorbehalten, Reste davon in die Folgezeit hinüberzuretten.

Aus dem Jahresbericht des Old English Hawking Club von 1883 geht hervor, daß noch 85 Grouse, 7 Birkhähne, 87 Rebhühner, 3 Fasane, 213 Krähen, 40 Elstern und 21 Stück „verschiedenes" Wild gebeizt wurden.

Kronprinz Rudolf von Österreich sah in Alexandra Hall bei London[3] abgetragene Jagdfalken, Wanderfalken und Habichte, mit denen 1884 in Irland, in der Normandie und in der Bretagne gebeizt wurde, und er selbst warf einen „fremden" Wanderfalken auf eine Taube, die geschlagen wurde.

Dänemark galt jahrhundertelang als die „Falkenkammer Europas". Jährlich ging ein Falkenschiff nach Island, das im September mit seiner wertvollen Fracht für die europäischen Höfe zurückkehrte. Im Jahre 1762 wurden 150 Islandfalken gefangen.

Die beste und einzige Falknerschule Europas bestand im flämischen Valkenswaard. Um den Bedarf in Europa zu decken, genügte den Holländern der dänische Nachschub nicht, und sie fingen die hungrig aus Skandinavien an deutschen Küsten „anlandenden" Falken mit großem Geschick und in nicht weniger großem Stil selbst. In Valkenswaard lebte bis 1935 die Familie Mollen, eine Falknerdynastie, Nachfahren des letzten Falkoniers des holländischen Königs.

Anläßlich der Internationalen Jagdausstellung in Kleve (1884) wurde nach anstrengender Suche ein „letzter Falkner" aus Thurles, Irland, engagiert, der mit seinen drei „Edelfalken" auftrat, wie die „Kölnische Zeitung" berichtete.

Interessant ist, daß in der Jagdliteratur um 1900 geradezu „verzweifelt" nach Nachweisen für die Falknerei gesucht wurde. In der „Geschichte der hohen Jagd im Sauerlande"[7] – wo die Falknerei doch wohl niemals eine größere Rolle gespielt haben mag – werden einige Beizjagden im Siegerland angeführt: *„Im Siegerlande wurde mit besonderen, großen Raubvögeln, Hasenaaren* (Steinadlern, der Verf.) *oder Hasengeiern* (? Verf.), *selbst auf Hasen Jagd gemacht"* (v. Achenbach, Siegerlands Vergangenheit, S. 373).

Es war eine überragende Persönlichkeit, die der europäischen Falknerei – vor

24

allem im deutschsprachigen Raum – neues Leben einhauchen sollte: Renz Waller. Wenn Kaiser Friedrich II. die mittelalterliche Falknerei auf ein naturkundliches Fundament gestellt hat, so gilt Renz Waller als der Begründer der modernen Falknerei, weshalb ihm hier ein (wenn auch kleines) Denkmal gesetzt werden soll.

Doch bevor ich mich dem „großen alten Mann aus Mettmann" zuwende (siehe Seite 30ff.), will ich der Geschichte der Falknerei noch ein literarisches „Häubchen" aufsetzen. Denn nicht nur die „großen Männer" haben die Geschicke und Geschichte der Falknerei im deutschsprachigen Raum geprägt. Die als „Ältere deutsche Habichtslehre" bezeichneten Texte dürfen mit Recht als die bedeutendsten falknerischen Werke in deutscher Sprache angesehen werden. Dennoch wurden sie jahre-, nein: jahrhundertelang nicht beachtet, nicht gedruckt und repräsentieren trotzdem auch für den heutigen Falkner – insbesondere (fast bin ich geneigt zu sagen: ausschließlich) für den Habichtler – die „deutscheste" und typischste Beizvogellehre überhaupt.

Dr. Kurt Lindner ist es zu verdanken, daß wir heute über die ersten diesbezüglichen Schriften im deutschen Sprachraum in verständlicher Sprache etwas erfahren: „Die deutsche Habichtslehre",[15] so der Titel des von ihm 1955 herausgegebenen Büchleins, beinhaltet „Das Beizbüchlein"[20] und seine Quellen, sowie, neben einer – wichtigen – Einführung in die „Ältere Deutsche Habichtslehre", die „Wiener Falkenheilkunde".

Unter dem Titel „Die deutsche Habichtslehre" versucht Lindner, *„Deutschlands wertvollsten Beitrag zur spätmittelalterlichen europäischen Jagdliteratur auf dem Gebiet der Beizjagd entwicklungsgeschichtlich darzustellen..."* Neben sprachhistorischen Erkenntnissen erfährt der Leser aber auch viel über die damalige Falknerei mit dem Habicht und über eine Einstellung der frühen Falkner zur Jagd, zu Beute, Wild und Ethik, die uns nur staunen läßt.

Hier nur einige fragmentarische Zitate und Hinweise:

Für den Humanisten Eberhard Trappe bildete die „Ältere deutsche Habichtslehre", bisher ungedruckt und völlig unbeachtet, 1542 die wichtigste Quelle seiner Schrift „Waidwerk und Federspiel". Diese „Ur-Habichtslehre" erfuhr in den ersten beiden Jahrzehnten des 16. Jahrhunderts eine Überarbeitung, die als „Das Beizbüchlein" bekanntgeworden ist und sich zumindest damals großer Beliebtheit erfreute. Dieses Kleinod war seit 1972 als originalgetreuer Nachdruck im Verlag Parey erhältlich, ist mittlerweile jedoch vergriffen. Ferner sind einige Übertragungen der „Wiener Falkenheilkunde" (Österreichische Nationalbibliothek) enthalten.

Der unbekannte Verfasser der „Älteren deutschen Habichtslehre" behandelt ausschließlich den Habicht. Keine Falkenart wird erwähnt, nichts über die Haube, nichts über das Aufbräuen, wie das „Beizbüchlein" überhaupt frei von orientalischem Ideengut ist. All dies spricht für die Herkunft der Arbeit aus dem germanischen Raum. Bemerkenswert auch, daß wir nichts vom Gefügigmachen durch Ein-

setzen des Vogels in eine dunkle Kammer oder durch Schlafentzug lesen. Umgekehrt ist zu erfahren, daß der Habicht, um ihn in niedere Kondition zu bringen, auf eine „Schwebereck" gestellt wurde, die bei jeder Bewegung schaukelt und so den Vogel bei permanenter Kraftanstrengung nicht zur Ruhe kommen läßt.

Mit dem noch nicht durchgearbeiteten Vogel wurde auf Enten und Krähen, mit dem „wol gearbaiten" Habicht auf Kraniche, Wildgänse, Trappen und Reiher gebeizt (glückliche Falknerei!).

Breiten Raum nimmt die Arbeit mit dem „Beizwind", dem Vogelhund, ein; eine Tatsache, die heutigen Falknern – mit dem Habicht, wohlgemerkt! – zu denken geben sollte.

Zum ebenfalls unbekannten Autor des „Beizbüchleins" möchte ich wieder K. Lindner zitieren: *„...Es besteht kein Zweifel, daß es sich um einen außerordentlich erfahrenen Falkner gehandelt hat, zu dessen besten Eigenschaften seine kritische Grundhaltung gehörte. Denn auch da, wo er sich eng an seine Vorlage anlehnte, bewies er eine hohe Unabhängigkeit im Denken, die weniger in kritischen Anmerkungen als in sachlichen, auf dem Schatz seiner praktischen Erfahrungen begründeten Ergänzungen ihren Ausdruck fand. In welcher Gesellschaftsschicht wir ihn zu suchen haben, bleibt ungewiß, aber die einleitenden Worte lassen es nicht ausgeschlossen erscheinen, daß es sich um einen Geistlichen handelte, dem es an Humor nicht fehlte."*

Erstaunlich ist, daß bis ins 16. Jahrhundert in der französischen Literatur (die „Falconaria" des Charles d'Arcussia de Carpe erschien erst gegen Ende des 16. Jhs. und war 1617 in erster deutscher Übersetzung verfügbar) über Geschüh, Lang- und Kurzfessel keine zuverlässigen Beschreibungen zu finden waren. Das „Beizbüchlein" schließt diese Lücke:

„Unvergleichlich und ohne Parallele im außerdeutschen Schrifttum ist die Beschreibung des Anreitens an das Wild. Genaue Angaben werden über die Bedeutung der Windrichtung und Stellung der Sonne, die Entfernung zum Wild im Augenblick des Werfens und über die Möglichkeiten der Tarnung gemacht. Gleichzeitig erhalten wir... Angaben über das Verhalten des Beizvogels beim Ansichtigwerden des Wildes" (Lindner).

Ganz außergewöhnlich für uns heutige Falkner sind auch die Passagen, wieviel Vögel man an einem Tag mit dem Habicht beizen dürfe. Wir erfahren einiges von der Auffassung und Haltung zum Beizen allgemein: *„Morgens möge man einen Kranich fangen... Dann solle man ihn ein wenig ruhen lassen und anschließend einen zweiten Vogel mit ihm beizen. Bis zum Abend schenkte man dem Habicht wieder Ruhe, dann durften nochmals zwei Stück Wild von ihm geschlagen werden. Einmal, so wird kritisch angemerkt, habe ein Mann im Laufe eines Tages dreizehn Kraniche und sechs Gänse gefangen, ‚das ware doch nicht loblichen noch waidenlichen'. Wie wahr! Es widerspricht (schon in diesem Buch nachzulesen) dem Adel der Beizjagd, übergroße Strecken... erzielen zu wollen."*

Dem interessierten Falkner kann ich nur raten und empfehlen, in allen erreich-

baren Antiquariaten nach eben diesem Werk aus dem Jahre 1955 zu suchen. Neben Falknereigeschichte und Behandlung von Greifvogelkrankheiten mittels althergebrachter „biologischer" Rezepte wird der Leser neben vielen Tips und Hinweisen zur praktischen Falknerei in den Lindnerschen Anmerkungen auch einiges über die Falknersprache, ihre Geschichte und Wandlungen im Laufe der Jahrhunderte erfahren. So zum Beispiel, ob es „die" oder „der" oder „das" Reck heißt und weshalb heute „die" Reck bevorzugt wird.

Und noch ein außergewöhnliches Frühwerk aus dem 14. Jahrhundert verdient der Erwähnung: „Das Jagdbuch des Roy Modus" (Ms 10218 der Bibliothèque royale Albert 1er, Brüssel). Es wurde vom schwedischen Professor Gunnar Tilander 1931 aus dem Alt- ins Neufranzösische und von Max Haehn 1975 ins Deutsche übersetzt.

Neben „Deduiz de la Chasse" des Grafen Gaston III. von Foix (genannt Gaston Phebus) stellt der „Livre du Roy Modus et de la Royne Racio" (wie es genau heißen muß) des Henry de Ferrières die zweite monumentale Säule früher französischer Jagdliteratur dar. Außer der Unterrichtung seiner Schüler über die Jagd allgemein („die fünf roten Tiere" und „die fünf schwarzen Tiere"), des Bogenschießens und der Jagd mit Fallen unterweist Roy Modus seine Jünger auch in drei Kapiteln über die Falknerei.

So erfährt der Leser, daß man die Beizvögel unterscheidet nach *les rameurs: die Ruderfalken oder Vögel mit hohem Beizflug*, nämlich: *Falke* (Wanderfalke, der Verf.), *Blaufuß, Saker und Baumfalke*, und *les voiliers: die Segler oder Vögel mit tiefem Beizflug*, nämlich: *Habicht, Gerfalke, Sperber, Merlin*. Ferner: *„Die am meisten geschätzten Falken sind die Wanderfalken, über die ich zu Euch sprechen werde..."* Man muß sich wirklich fragen, ob nicht der Begriff „Schlicht-(Schlecht-)Falke" für Wanderfalke aus einem Mißverständnis oder einer Fehlübersetzung über die Jahrhunderte mitgeschleppt wurde oder gar erst neueren Ursprungs ist, als die Falknerei zu höfischem Pomp „verkam" und nur noch Gerfalken zählten.

Ferner erläutert Roy Modus *„...was für das Abtragen wichtig ist...; wie man den Falken atzt und abträgt; wie man den Falken badet; ...ihn abträgt, Reiher zu schlagen; ...einen Falken behandelt, der seinesgleichen haßt"*; sowie einiges über die Behandlung von Krankheiten und Parasiten.

Roy Modus ist der Meinung, daß man – so man weiß, wie Wanderfalken abgetragen werden – überhaupt alle Falken fliegen könne; ähnlich verhalte es sich mit dem Sperber analog zu den Habichten. Geradezu euphorisch äußert sich Roy Modus über die Beize mit dem Sperber auf Rebhühner und Lerchen: *„Gehe daher mit deinen Hühnerhunden auf Vorsuche quer durch die Felder auf eine große Ebene, wo keine Bäume stehen, und entkappe den Sperber* (Modus empfahl, auch den Sperber aus der Haube zu fliegen). *Wenn in Deiner Nähe ein Rebhuhn aufsteigt, sollst Du den Sperber loslassen..., um zu beizen... Wenn er es schlägt, sollst Du ihn auf der Erde von der Brust kröpfen lassen, nachdem Du ihm das Gehirn gegeben hast... Am Anfang sollst Du ihn große Vögel beizen*

lassen, wie Rebhühner, die er auf seinem Beizflug nicht wegtragen kann, damit er nicht die Gewohnheit annimmt, Lerchen und andere kleine Vögel... wegzutragen. Wenn er mit Erfolg mehrere Vögel geschlagen hat, ohne zu versuchen, sie wegzutragen, kannst Du ihn Lerchen beizen lassen. Wenn Du siehst, daß er sie gern jagt, sollst Du ihn oft beizen lassen, wobei Du ihn die Lerchen kröpfen läßt, denn das ist die schönste und unterhaltsamste Jagd eines Sperbers. –

Du sollst der Jagd mit dem Sperber aus vier Gründen zugetan sein: Zuerst, weil diese Jagd gut und unterhaltsam ist und die Beizflüge der Sperber sehr schön sind. Zum zweiten, man ist in guter Gesellschaft, man stellt sich quer zu den Feldern in einer Linie auf, ein jeder hat seinen Sperber, und man kann den seinigen und die der anderen beizen sehen. Drittens, es ist eine Jagd, an der die Damen teilnehmen können. Eine Dame, die mit einem Sperber beizt, soll jemanden an ihrer Seite haben, der ihr den Sperber zurückbringt, wenn er die Lerche oder das Rebhuhn geschlagen hat; doch man sieht manchmal, daß ein Sperber die Lerche auf die Faust seines Herrn oder seiner Gebieterin bringt. Solche Sperber werden Damensperber genannt. Der vierte Grund, weswegen man der Jagd mit dem Sperber zugetan sein soll, liegt darin, daß die Jagdzeit, obwohl kurz, schön, anmutig und angenehm ist.

Herrgott, wie schön ist es, einem Sperber zuzuschauen, wie er hoch in der Luft eine Lerche schlägt. Wenn ein Sperber eine Lerche hoch und niedrig gejagt hat und die Lerche so hoch gestiegen ist, daß man sie kaum noch sehen kann, läßt man einen anderen Sperber los, der sie sucht und dabei steil in die Höhe steigt, so schnell wie er kann. Das ist sehr schön zu beobachten; wenn der Sperber die Lerche erreicht, greift er an, ohne sie schlagen zu können, und die verfolgte Lerche stürzt sich herab und läßt sich zwischen den Pferden nieder, wobei sie sich zu retten glaubt, doch der Sperber schlägt sie. Das ist eine sehr schöne Jagd..."

Das letzte Kapitel behandelt den Fang verschiedener Vögel; köstliche Miniaturen machen das Werk zu einem wahren Kleinod.

KAISER FRIEDRICH II.

„Nicht nur unter den deutschen, sondern den mittelalterlichen Herrschern überhaupt gibt es keinen, der sich rühmen kann, ein eigenes und zugleich so einzigartiges literarisches Denkmal hinterlassen zu haben wie Kaiser Friedrich II. in seinem Falkenbuch ‚De arte venandi cum avibus'".* – Zweifelsohne kann es nicht Aufgabe dieses Buches sein, Leben und Werk des Hohenstaufers nachzuzeichnen; vielmehr sollen hier nur einige wesentliche Fakten, vor allem in Beziehung zu seiner „Über die Kunst, mit Vögeln zu jagen", festgehalten werden.

Friedrich II., Enkel des römisch-deutschen Kaisers Friedrich I. „Babarossa", wurde

---

* Dieser Abschnitt stützt sich im wesentlichen auf die Quellen 18, 25 und 29 des Literaturverzeichnisses.

am 13. Dezember 1250 in Jesi bei Ancona geboren. Schon in seiner Jugend in Palermo erwies er sich als „geschickter Waffenträger, glänzender Reiter und leidenschaftlicher Naturinteressierter". Jahre später bekannte er: „Ehe ich die Pflichten des Regierens auf mich nahm, strebte ich den Wissenschaften nach und atmete balsamische Düfte" – eine blumenhafte Ausdrucksweise, wie sie für das Palermo der damaligen Zeit, in dem einander Abendland und Orient, Christentum und Islam begegneten, kennzeichnend war. In der Folge versammelte Friedrich um seinen Hof alles, was Rang und Namen hatte: Dichter, Philosophen, Gelehrte vieler Disziplinen und Schöngeister gaben sich die Ehre. Durch Friedrichs Initiativen erlangte die arabisch-aristotelische Philosophie des Averroës (Ibn Roschd, 1126–1198) erst richtig Einfluß in Europa. In Diskussionen mit seinen Gelehrten leugnete er, vielleicht zum erstenmal in seiner Zeit, die Unsterblichkeit der Individualseele, was ihm bei Papst Gregor IX. den Ruf eines Ketzers, leibhaftigen Antichrists und Freigeistes einbrachte.

Einen Gefangenen ließ Friedrich im zugemauerten Faß sterben, um nach Öffnung dessen Seele zu entdecken; Neugeborene wurden von stummen Ammen betreut, womit er der „Ursprache" auf den Grund kommen wollte. Aristoteles hatte behauptet, daß Geier ihre Aasbeute durch den Geruch entdecken – Friedrich wies nach, daß Geier gar nicht riechen können. Ebenfalls von Aristoteles wurde überliefert, daß im keilförmigen Flug der Gänse die erfahrenste Gans vorwegfliegt – Friedrich entdeckte, daß Gänse bei Ermüdung einander in der Führung des Fluges ablösen, wie die moderne Wissenschaft Jahrhunderte später beweisen sollte. Friedrich sprach fließend Griechisch, Latein, Arabisch; Deutsch und Französisch gebrochen. Er betätigte sich als Dichter, Zeichner, Naturwissenschaftler, Philosoph und Architekt – was ihn nicht daran hinderte, gelegentlich auch Orakel um Rat zu fragen. In seinem ganzen Leben erlitt er nur eine einzige militärische Niederlage: Am 18. Februar 1248 stürmten die Einwohner von Parma die kaiserliche Lagervorstadt Victoria. Friedrich und sein Sohn Manfred befanden sich soeben auf der Beizjagd...

Bei dieser Gelegenheit ging nicht nur der Staatsschatz, sondern auch die Prachthandschrift in sechs Büchern von „De arte venandi cum avibus" verloren und ist seither verschollen. Das erste und zweite Buch dieser Handschrift ließ Manfred – „schön und blond, von edlem Schnitte" (Dante) – für sich anfertigen, wobei ihm keine vollständige Textvorlage des väterlichen Originals zur Verfügung stand. Einige Passagen, sogar ein ganzes Kapitel wurden von Manfred persönlich ergänzt. Jahrhunderte verschollen, tauchte diese Handschrift 1594 im Besitz des Nürnberger Arztes und Naturforschers Joachim II. Camerarius wieder auf. Auf Umwegen gelangte sie schließlich 1623 in die Biblioteca Vaticana.

Erst Jahrhunderte nach ihrem Entstehen wurde „De arte venandi cum avibus" in ihrer ganzen Größe neu entdeckt, der Wissenschaft zugänglich gemacht, ins Deutsche und Englische übersetzt. Sie ist nach wie vor *das* Standardwerk der Falknerei.

Wie urteilte ein zeitgenössischer Chronist Friedrichs II. über sie? – „Dank seiner

ungewöhnlichen Fähigkeit geistigen Durchdringens, die sich vor allem auf die Erkenntnis der Natur richtete, verfaßte der Kaiser ein Werk über die Lebensweise und Pflege der Vögel, mit dem er bewies, wie sehr er sich gründlicher Forschung befleißigte."

Dem ist nichts hinzuzufügen.

Malen, Beizen, Suchen – Renz Waller

Renz Waller, eigentlich Lorenz geheißen, teilt das tragische Schicksal – fast – aller großen Persönlichkeiten: Von nicht wenigen, die ihn in den letzten Jahren kannten und erlebten, wird er als ein „verbitterter, alter, sturer Mann" beschrieben, über den Zeit und Geschehen hinweggegangen zu sein schienen. Aber darf man einen Maler, eine verdienstvolle Persönlichkeit, einen Künstler nur nach seinem letzten Werk, nach seinen letzten Tagen, nach seinem letzten Lebensabschnitt beurteilen?

Nein!

Ich wohne heute in Wittgenstein, in Berghausen, jenem kleinen Dorf in der Nähe von Bad Berleburg, in dem Renz Waller nach seiner Evakuierung (1943) aus Mettmann mit einigen Greifvögeln ein Domizil fand. Welch ein Zufall!

Als er sich in seinen letzten Lebensjahren vom Deutschen Falkenorden (DFO) ab- und dem Orden Deutscher Falkoniere (ODF) zuwandte, war ich Amtswalter im ODF und habe einige Jahre mit Waller zusammenarbeiten dürfen.

Renz Waller hat, dies ist unstrittig, Falknereigeschichte geschrieben. Mehr noch: Er hat sie praktiziert und – gemalt. So ist die biographische Aufarbeitung der Person Wallers auch ein Stück neuzeitlicher Falknereigeschichte. Mit diesem kleinen „Gemälde" – passend zur Faszination Falknerei – möchte ich einerseits dem jungen Falkner und Greifvogelinteressierten die Person Wallers in einem Bild näherbringen, das ihn im Umfeld seiner Zeit zeigt, andererseits aber auch versuchen, die „Schieflage" des Bildes Waller bei einigen seiner ehemals Getreuen wieder zurechtzurücken.

Lorenz Waller wurde am 3. November 1895 in Wiedenbrück (Westfalen) als Sohn des Kunstmalers Georg Anton Waller und seiner Gattin Elisabeth in eine Zeit hineingeboren, die – zumindest in Deutschland – falknerisch nur als trostlos bezeichnet werden kann. 1904 siedelt die Familie Waller nach Düsseldorf über, was dem naturkundlich interessierten Jungen nicht besonders zu gefallen schien.

Die wichtigsten Meilensteine seines weiteren Lebens sind: 1913 Zulassung zum Studium an der Kunstakademie in Düsseldorf; 1915–1918 Soldat; 1923 Gründung des Deutschen Falkenordens (DFO); 1935/36 Bau des Reichsfalkenhofes in Braunschweig-Riddagshausen; 1937 sein erstes Buch, „Der wilde Falk ist mein Gesell", bei Neumann-Neudamm; 1942/43 erste gelungene Zucht von Wanderfalken in Gefan-

genschaft; 1943 Evakuierung nach Berghausen; 1945 Entwurf der „Waller-Rundreck"; 1955 Umzug ins neue Atelier nach Mettmann; 1957 Rücktritt vom Amt des Ordensmeisters im DFO; 1970–75 zahlreiche Ehrungen und Ehrenmitgliedschaften in Falknerverbänden „rund um die Welt"; 1976 Teilnahme am Falknertreffen in Abu Dhabi; 3.11.1977 Austritt aus dem Deutschen Falkenorden (DFO).

Am 8. Oktober 1979, kurz vor Vollendung des 84. Lebensjahres, legt Waller für immer den Falknerhandschuh ab, den Pinsel beiseite, den Stift aus der Hand. Jagd vorbei – Halali.

Den ersten Greifvogel erwarb Waller in einer Zoohandlung – und niemand war in der Lage, zu sagen, was für einen Vogel er denn da gekauft hatte. Es war ein Baumfalke!

An Literatur gab es zu damaliger Zeit so gut wie nichts; so experimentierte der 15jährige nach allen Regeln einer Kunst, die er erst später entdecken und veredeln sollte. Nach dem Tod dieses Vogels versuchte Renz es mit Sperbern, auch wenig erfolgreich. Die Idee jedoch, die Falknerei wiederaufleben zu lassen, verfestigte sich mit jedem Mißgeschick aufs neue. Kurze Zeit später ließ er sich statt eines Habichts einen Mäusebussard aufschwatzen und wunderte sich über dessen mangelnden Schneid…

Der Erste Weltkrieg unterbrach seine falknerischen Versuche, die er jedoch sofort nach Ende des Desasters wiederaufnahm. Über eine Suchanzeige nach Merlin-Falken (die leicht abzutragen zu sein schienen und die er in Kompanie fliegen wollte) kam er in Kontakt zu Dr. Dr. Friedrich Jungklaus, einem damals bedeutenden Ornithologen. Durch ihn lernte Waller Dr. Fritz Engelmann (den späteren Herausgeber von „Die Raubvögel Europas") kennen. Engelmann hatte, ähnlich wie Waller, doch im krassen Gegensatz zu Jungklaus, der nur Theoretiker war, die Kenntnisse und Fertigkeiten der Falknerei autodidaktisch erarbeitet.

Schon 1921 reifte die Idee, ähnlich dem britischen Old Hawking Club, Falkereiinteressierte an eine Vereinigung zu binden. Der Theoretiker Jungklaus sah die Falknerei mehr aus germanisch-völkisch-deutscher Sicht; ihm schwebte ein elitärer Klub aus Akademikern und Gutsbesitzern vor. Waller und Engelmann verkörperten den Gegenpol dieser Ideen und hätten es gerne gesehen, wäre die Falknerei als eine Art Volksbewegung schließlich im Natur- und Greifvogelschutz gemündet. Es müssen aufregende Zeiten mit engagierten Diskussionen gewesen sein…

Zum Kreis der (potentiellen) Gründungsmitglieder stießen immer mehr bekannte Persönlichkeiten, so auch der später bekannte Österreicher Graf Mensdorff-Pouilly. Im Kreise dieser illustren – und mehr theoretisierenden – Gesellschaft war Renz Waller der einzige Praktiker. Er wurde mehr und mehr – auch von Jungklaus – gedrängt, im zukünftigen Verband eine führende Rolle zu spielen.

Am 23. und 24. Mai 1923 fand in Leipzig eine Ornithologenversammlung statt, in deren Rahmen die Gründung eines „Falknereivereins" – vorerst noch ohne offiziel-

len Namen – vollzogen wurde. Der spätere Name „Deutscher Falkenorden" war eine Referenz an Dr. Jungklaus und ein Zugeständnis an die „elitären Strömungen" im neuen Orden. Erster Vorsitzender wurde Dr. Engelmann.

Die Anfänge waren trotz hochkarätiger Mitglieder chaotisch. Dr. Engelmann erhielt den Auftrag, ein „Ordensbuch" zu schreiben, was die beiden Mitglieder Jungklaus und Kreyenborg zu verhindern suchten. Die Herausgabe des späteren Buches „Die Raubvögel Europas" (mit einem umfangreichen Falknereiteil) verzögerte sich mehr und mehr. Der erste Ordensmeister, Schrader aus Hamburg, bereits „Falkenhofbesitzer", gab eine Ordenszeitschrift „Der Ordensfalke" heraus, die schon kurz nach Erscheinen von vielen Mitgliedern als Kaffeeplausch-Blättchen tituliert wurde. Mittels Greifvogelbeschaffungsprogramm sollte Geld in die noch spärliche Ordenskasse fließen, was aber ebenfalls fehlschlug. Ein Ordensfalkenhofgelände wurde erworben und sollte über Anteilscheine finanziert werden – Ordensmeister Schrader trat kurz darauf zurück.

Waller, auf der Gründungsversammlung zum „Obergauleiter" gewählt, oblag die Organisation des Ordens. Er ließ Gaue bilden und setzte Gauleiter ein. Auf der im Jahre 1924 stattfindenden Ordensversammlung in Berlin herrschte ein derartiges Chaos, daß mehrere Mitglieder die Auflösung des Ordens verlangten. Es war, nach allen zur Verfügung stehenden Quellen, Wallers Veto und Verdienst, daß es nicht dazu kam. Er kämpfte für den Orden, zwar „aus der zweiten Reihe" – aber immerhin.

Mit der Zeit begann sich die Ordensarbeit zu konsolidieren. Ruhe und Ordnung schienen einzukehren – bis zur Ordenstagung im März des Jahres 1930.

Der rührige Ordenskanzler Blau hatte, ohne allerdings die Ordensführung Korff-Schmissing und Waller zu informieren, nach allen Regeln der Kunst die Werbetrommeln gerührt, den Truppenübungsplatz Meppen angemietet und dem „vieltausendköpfigen Volk" eine Schaubeize offeriert. Nur Beizvögel hatte er keine.

Waller war es, der rasch einige Beizvögel (einen Wanderfalkenterzel, einen Merlin und einen kranken Sperber) „organisierte" und zusätzlich selbst mit drei Wanderfalken anreiste. Ordensmeister Korff-Schmissing bekam ob der Massen, die sich die Schaubeize ansehen wollten (Polizei mußte den Verkehr regeln und für Ordnung sorgen), „kalte Ständer" und trat kurzerhand von seinem Amt zurück. Der DFO stand abermals vor der Auflösung; niemand sah sich in der Lage, die Schau zu leiten und die Begrüßung vorzunehmen. Der eine war nicht mehr, der andere noch nicht im Amt, ein Dritter fühlte sich unpäßlich usw. Schließlich war es abermals Renz Waller – wer sonst? –, der mit seinem (historischen) „Alles hört auf mein Kommando!" die Situation, mit seinen Falken die Schau und mit seinem Engagement schließlich den Orden rettete. Ohne sein beherztes Auftreten wäre der Orden in Meppen auseinandergefallen. So aber ging „(s)ein Stern" auf. Als Dankeschön bekam Waller eine Leica und den Titel „Falkenmeister des DFO".

Im Jahre 1932 wurde er offiziell Ordensmeister des DFO und begann, die Ordensführung rigoros umzustrukturieren: Graf von Korff-Schmissing wurde Stellvertretender Ordensmeister, Kurt Kleinstäuber Ordenskanzler und sein treuer österreichischer Freund und Schloßherr auf Chotelic, Graf Mensdorff-Pouilly, wurde Herausgeber der Ordenszeitung.

1933 wurde die „Reichsfalknerei" etabliert und der DFO Pflichtorganisation aller Falkner; das Reichsjagdgesetz führte den Falkner-Jahresjagdschein ein. Der Orden selbst bekam umfangreiche Vollmachten.

Schon früh hatte Waller erkannt, daß die Falknerei nur als Zweig der Jagd eine Überlebenschance habe und dies, auch rechtlich, nur über den Anschluß an die Jägerei vollzogen werden müsse. Das war aber schwierig, denn die damalige Jägerschaft sah in den Falknern erst einmal Konkurrenten und dann eine „Macht", die den Greifvogelschutz voranzutreiben gedachte. Dies wiederum war den Niederwildjägern ein Dorn im Auge, denn Krummschnäbel galten in ihren Revieren als Schädlinge.

Durch glückliche Fügung und besondere Umstände – Hermann Göring war „Reichsjägermeister" (später auch Reichsfalkenmeister) und der „adligen Beizjagd" in seinem Selbstdarstellungswahn besonders zugetan – gedachte Generalforstmeister Walter von Keudell dem Reichsjägerhof in Braunschweig-Riddagshausen etwas Besonderes angedeihen lassen zu müssen. Die Angliederung eines Reichsfalkenhofes brachte seine und Wallers Ideen auf den Punkt. Falkenmeister Loges, ein Freund und Schüler Wallers (und begnadeter Adlermann!), wurde erster technischer Leiter.

Somit verfügte die deutsche Falknerei innerhalb kürzester Zeit über eine Institution zur Forschung und zur Aus- und Weiterbildung ihrer Mitglieder; sie hatte in ganz Deutschland ihren Platz als anerkannte Jagdart.

Es lag – und liegt – in der Natur der „Sache" Falknerei, daß sich zunehmend traditionsbewußte und öffentlichkeitsheischende „Paradiesvögel" unter die praktischen Falkner mischten. Es gelang der damaligen Ordensführung nicht (vielleicht in der Euphorie der PR-Welle verständlich?), gegenzusteuern. Kaum mehr wurde von Greifvogelschutz, dafür um so mehr von Falkenbeschaffung gesprochen. Die Habichtler im Orden waren in der Minderheit und galten, mit Verlaub, als Under-dogs.

Die Gautagungen waren pompös und, der damaligen Zeit entsprechend, großartig aufgezogen. Die Jagd- und Fischereiausstellung 1937 in Berlin stellte einen Höhepunkt, nicht nur für Renz Waller, sondern für die gesamte, insbesondere deutsche Falknerei dar. Der Welt wurde gezeigt – und immer wieder betont –, was sie zu bieten hatte: Literatur, Kunstwerke, Falknereiexponate aus aller Herren Länder sowie einen Reichsfalkenhof, den es sonst nirgendwo gab. Die Zeit, die Personen, die Sache – alles paßte damals zusammen. (Nein, ich hebe nicht den Zeigefinger, berufe mich nicht auf die „Gnade der späten Geburt" und klage auch nicht an!)

Die Wallerschen Beizjagdbilder waren zweifellos ein Höhepunkt der Ausstellung;

er wurde für seine künstlerische Leistung mit einer Goldmedaille geehrt. Damals erschien sein Werk „Der wilde Falk ist mein Gesell", welches, mittlerweile in mehreren Auflagen erschienen, noch heute das Standardwerk aller deutschsprachigen Falkner ist. Darüber später mehr.

Unstritig ist, daß die Jagd- und Falkhereiausstellung eine ungeheure Breitenwirkung hatte. Nicht zuletzt ein Verdienst Wallers! 1940 zählte der Orden an die 800 Mitglieder, von denen man realistischerweise ungefähr 200 als praktizierende Falkner ansehen darf. Dennoch: eine beachtliche Zahl!

Es darf und soll nicht unerwähnt bleiben, daß die Falknerei – und mit ihr Renz Waller – vollständig in die NSDAP integriert war. Die Partei hatte das Sagen, Göring war oberster Jäger und Falkner, und ohne ihn (oder gar gegen ihn) ging nichts. Inwieweit Waller am Bau des Falkenhofes in Buchenwald (eigentlich mehr ein kleiner Zoo mit angeschlossener Falknerei) beteiligt war, vermag ich nicht zu sagen. Gewußt hat er auf alle Fälle davon. Dieser Falkenhof ist im Buchenwald-Report (C. H. Beck Verlag, München 1996) erwähnt, der Name Waller taucht jedoch nicht auf.

Meiner persönlichen Einschätzung nach war Waller aufgrund seines unbändigen Freiheitsdranges, seiner künstlerisch-liberalen Einstellung und seines ausgeprägten Individualismus nicht das, was man gemeinhin unter einem hundertprozentigen Nazi versteht. Damit genug aus dieser unseligen Epoche!

Schon 1943 gelang Waller mit seinem berühmten Wanderfalken „Rittanno" die Zucht. Ehrlicherweise muß gestanden werden, daß er dies nicht, wie später, aus Greifvogelschutz- und -beschaffungsgründen betrieb, sondern um den idealen Greifvogeltyp züchterisch hervorzubringen. „Völkisches Gedankengut" läßt grüßen... oder: Er begann '43 mit dem, was heutige Hybridzüchter fortsetzen.

Genau dies, „Dritte-Reich-Zucht", wurde ihm später von seinen Neidern vorgeworfen und die Zucht – ungerechterweise – überhaupt angezweifelt.

Nach dem Krieg (wie bereits gesagt, lebte Waller mit seinen Schwestern in Berghausen) versuchte er akribisch und manchmal verzweifelt, die noch überlebenden „Recken" des alten Ordens um sich zu scharen. Viele waren gefallen, verschollen oder im Osten Deutschlands unauffindbar.

1951, in Heimbach in der Eifel, fand die erste Nachkriegsordensversammlung statt. Neben heißen Diskussionen über eine neue Namengebung und Abschaffung von alten Ordenstiteln (alles, was nur ansatzweise nach Drittem Reich, NS und Großdeutschland klang, war verständlicherweise verpönt, verhaßt und wurde verdrängt) gab es eine kleine, aber feine Schaubeize. Waller setzte sich durch, und es blieb beim ursprünglichen Namen des Ordens und den alten Bezeichnungen. Erst viel später sollte sich der DFO von den traditionellen Titeln trennen.

Noch bis 1957 stand Waller „seinem" Orden als Ordensmeister vor. In der Folge von „modernen Strömungen" (um es einmal vorsichtig auszudrücken) legte der große alte Mann des Ordens in diesem Jahr auf der Tagung in Schwarzenbeck sein

Amt nieder – im Glauben, einerseits so den Orden zu retten und, andererseits, in dem „Wahn", die Geschicke des DFO von „hinten" weiter steuern zu können. Letzteres war ein fataler Trugschluß, der nicht nur die beiden Männer Waller und Dr. Brüll – den neuen Ordensmeister – trennte und entzweite, sondern zur Polarisierung der deutschen Falknerei führte. Die neue DFO-Führung setzte mehr auf Greifvogelschutzbestrebungen; Waller und seine Freunde hingegen stellten weiterhin die praktische Falknerei in den Vordergrund. Einige Falkner um Hans Reinecke aus Osterwald (darunter auch Friedrich-Wilhelm Ehlerding aus Hameln, mein Lehrprinz) gründeten 1959 den „Neuen Deutschen Falkenorden", der 1962 als „Orden Deutscher Falkoniere" (ODF) ins Vereinsregister eingetragen wurde.

Auch in Österreich kam es zur Spaltung, und aus dem alten Österreichischen Falknerbund (ÖFB) ging der Österreichische Falknerorden (ÖFO) hervor.

Im ODF stand die Beizjagd im Mittelpunkt, und in den Gründerjahren berief man sich gerne auf die Fortführung der Tradition der „Ortelsburger Jäger", einem ostpreußischen Jägerbataillon, welches die Falknerei pflegte. Die Überlieferung dieser Tradition war an Ernst Stock, einen „alten Ortelsburger" (und zeitweise Großkomtur im ODF), gebunden. Heute ist von diesem Gedankengut nur noch wenig zu spüren und so gut wie nichts geschichtlich Verwertbares vorhanden.

Kein Wunder, daß sich Renz Waller mehr und mehr dem neuen Orden zu- und vom alten abwandte. Im Verlauf der unüberbrückbaren Streitigkeiten, die in unversöhnlichem Haß eskalierten, verließ Waller am 3.11.1977 „seinen" Orden, den DFO.

Das Bild Renz Wallers wäre unvollständig, würde man ihn nur als Falkner und Ordenspolitiker sehen. Waller war Falkner, Künstler und – ein ewig Suchender. Er war, hier stehe ich im Dissens zu vielen, nicht *der* Schriftsteller, als der er manchmal dargestellt wird, obwohl er ein erfolgreiches Buch verfaßt hat. Sein „Der wilde Falk ist mein Gesell" ist das Werk eines Falkners *und* eines Malers. Die Sprache ist die eines nüchtern beobachtenden Naturwissenschaftlers, die Bilder sind überragende Kunstwerke eines leidenschaftlichen Falkners.

Überhaupt hat Waller der Falknerei mit seiner Kunst und seinem Blick für alles Künstlerische den größten Dienst erwiesen, genau wie der Stauferkaiser Friedrich II. Wie letzterer in seinen Schriften und Illustrationen großen, ja allergrößten Wert auf Harmonie, Ausgleich, Ruhe und Schönheit gelegt hat, findet sich ähnliches auch in Wallers Werken: die sanften Schwünge des Falknerknotens, die künstlerisch angelegten Geschüh- und Kurzfesselknoten und -verbindungen, von den Hauben ganz zu schweigen. Einen großen Teil ihrer Faszination bezieht die Falknerei aus der Tatsache, daß alles Zweckmäßige auch schön und harmonisch zu sein hat. Ob Waller dies bewußt oder unbewußt weitergegeben hat, ist nebensächlich.

Renz Waller war, wie gesagt, als Falkner und Maler ein Suchender. Der Falkner Waller bemühte sich stets, alle Zweige und die gesamte Breite der Falknerei zu vervollkommnen. Eine Folge seines Experimentierens war die „Entdeckung" der Rund-

reck – eine geniale Erfindung, die heute in allen möglichen Variationen, meist in Eigenbau, verwendet wird.

Als gegenständlicher Maler gilt Waller als *der* Greifvogelspezialist schlechthin. Doch damit allein wird man dem Künstler nicht gerecht. Waller war schon aufgrund seiner Beobachtungsgabe ein begnadeter Tiermaler, dessen Hunde- und Greifvogelbilder und -porträts ihresgleichen suchen. Seine Skizzen und Ölbilder von anjagenden Greifvögeln, meist Falken, sind naturalistisch prägnant und subtil herausgearbeitet, ohne naturbiologisch-museal zu wirken. Sie sind in erster Linie für den naturkundlich interessierten Falkner gedacht. Seine jagdlich-falknerischen Stilleben sowie seine als Stilleben komponierten Beizvogelbilder (auf der Reck, dem Sprenkel), meist mit sehr interessanter Lichtführung, lassen die großen alten Meister erahnen. Sie strahlen Ruhe, Harmonie, Gelassenheit und Würde aus. Häufig ist den Greifvögeln – besonders in ruhender Stellung – eine gewisse Entrücktheit anzumerken, etwas, das sie *in natura* ebenfalls vermitteln.

Doch Waller konnte auch anders: Nicht selten malte er seine Vögel im Stil der „modernen" Impressionisten; „seine" Haustiere (Kühe, Ziegen, Pferde) sind als früh-expressionistische Exponate erhalten.

Renz Waller – und dies bleibt festzuhalten – hat die moderne Falknerei im deutschsprachigen Raum begründet. Er hat sie weiterentwickelt, verfeinert, ja veredelt, ohne ihr, Gott sei Dank, elitär-aristokratischen Atem zu geben. In seinen Werken – seinen Bildern, seiner Rundreck, seinem Buch, welches noch heute jeden Jungfalkner fasziniert und jeden „alten Hasen" immer noch aufs neue interessiert – und, nicht zu unterschätzen, in seinen (beiden) Falkenorden lebt er weiter.

Eine (Fehl-)Entwicklung in der Falknerei hin zu mehr Vereinen (ein Phänomen, das in Deutschland wie in Österreich gleichermaßen zu beobachten ist) kann dem großen alten Mann aus Mettmann nicht angelastet werden. Dies haben andere zu verantworten.

In Deutschland existieren neben den beiden großen Orden nach der Wiedervereinigung mittlerweile noch ein östlicher Falknerverein und mindestens zehn kleinere Vereinigungen. In Österreich sind wenigstens vier Falknerverbände bekannt. Die Falkner wären gut beraten, ihre Kräfte und Energien zu konzentrieren – doch wo ist jene starke Persönlichkeit vom Rang und Format eines Renz Waller, die dies realisieren könnte?

Kulturgut Falknerei

Die Falknerei gelangte zu höchster Blüte, als sich anglo-germanische, franko-flämische, persische, griechische, byzantinische und arabische Einflüsse in ihr vereinten. Es ist nicht übertrieben, von einer multikulturellen Jagdart zu sprechen. Und wenn man bei der Jagd mit der Feuerwaffe immer wieder überrascht ist, wie groß regionale, gar nationale „Abweichungen" sind (z.B. Vergleich der Bockjagd in Schweden und Deutschland), ist man in der Falknerei trotz geringer Unterschiede in Sprache und Auffassung doch beeindruckt von Gleichheit und Einheitlichkeit im Handwerk, in Ausführung und Zielsetzung über Sprachen, Grenzen und Systeme hinweg. Im Prinzip beizen die Araber genauso wie die Kirgisen, die Deutschen, die Engländer oder die Mexikaner.

Die Falknerei als eigenständige Jagdart hat sich von ihren Anfängen im asiatischen Raum in alle Himmelsrichtungen ausgebreitet und ist, im wesentlichen, bis heute in relativ ursprünglicher Form erhalten geblieben. Sie ist beeinflußt worden (und hat Einfluß gehabt) von und auf Kirche und Kunst, Kitsch und Kommerz, und sie hat sich als Zweig, als eigenständige Form des Jagdgeschehens, erhalten.

Die alte Falknerei nur als Privileg höfisch-aristokratischer Großmannsucht sehen zu wollen, ist eine etwas engstirnige und einseitige Betrachtungsweise.

Im Minnesang, einem deutschen Zweig der mittelalterlichen Dichtung, finden die Verherrlichung und Wertschätzung der Beizjagd in der Entstehung der sogenannten „Falkenlieder" ihren literarischen Niederschlag. Überliefert sind diese in der „Manessischen Handschrift" (auch „Große Heidelberger Liederhandschrift" oder „Pariser Handschrift"). In ihr sind 140 Dichter in 137 Bildnissen und 6.000 Strophen enthalten. Der höfische Minnesang symbolisierte die „Frouwe" zur Herrin und den Falken zur – unerreichbaren – Minne.

Eines der bekanntesten Falkenlieder ist das des Kürenbergers aus dem frühen „Donauländischen Minnesang" (ca. 1150–1175): „Ich zôch mir einen valken mêre danne ein jâr". Als der Falke abgetragen war, flog er fort, und das Lied endet mit dem Wunsch, daß Gott die Liebenden gerne zusammenführen möge.

Kein Geringerer als Giovanni Boccaccio (1313–1375) sei noch erwähnt, wenn von Falknerei in der Literatur gesprochen wird. In seiner berühmten Novellensammlung „Decamerone" beschreibt er in der neunten Geschichte des fünften Tages eine zu Herzen gehende Liebesgeschichte, in der die ganze Hochachtung des Falkners zum Falken zum Ausdruck kommt: Der junge Edelmann liebt eine Adlige, findet aber keine Gegenliebe. Nachdem all sein Vermögen im Werben um ihre Gunst zerronnen ist, bleibt ihm nur noch sein geliebter Falke. Als die Dame endlich doch zum Essen erscheint, kann er ihr nur noch den getöteten Falken vorsetzen – sie aber war gekommen, um ihn als Geschenk entgegenzunehmen. Als sie die entsetzlich traurige

Wahrheit erfährt, ändert sich ihre Einstellung, und sie nimmt den jungen Falkner zum Mann.

Aus dieser Erzählung entwickelte der 1910 mit dem Literaturnobelpreis ausgezeichnete Paul Heyse seine „Falkentheorie", aus der später wieder die „Novellentheorie" hervorging – nämlich insofern, als der „Falke" den Wendepunkt der Geschichte und somit jeder guten Novelle symbolisiert.[24 (Ausg. 10/96)]

Allein aufgrund des Alters der Jagdform mit wilden Greifvögeln nach althergebrachtem und überliefertem „Handwerk" (zu Recht wird sie „Kunst" genannt), und nicht zuletzt wegen der künstlerischen „Jagd-Accessoires", wie Hauben, Handschuhe, Taschen (alles überwiegend stilecht nach überlieferten Mustern), sowie schließlich der „alten", multikulturellen Sprache ist es nicht vermessen, von der Falknerei als erhaltens- und schützenswertem Kulturgut zu sprechen.

Falknerei ist mehr als eine Form der Jagd, wie etwa die Fang- oder die Vogeljagd. Sie ist eine eigenständige Jagdform, die sich selbständig entwickelt hat. Die Einführung der Feuerwaffen konnte sie ebensowenig beeinflussen wie der Niedergang der Niederwildpopulationen in manchen Regionen.

War dereinst – vor Einführung der Feuerwaffen – die Beize die einzige Form der Jagd auf schnelles Flugwild überhaupt und diente sie in nicht unerheblichem Maß der Wildbretbeschaffung, so ist sie heute eine „faire", humane, ja in höchstem Ausmaß biologisch-ökologisch vertretbare Jagdart – einzig und allein „um des Schönen wegen bei der Jagd", wie es der Deutsche Falkenorden in seinem Wahlspruch so treffend formuliert hat.

Jagen, Beute machen, allein um des Schönen willen, und dies eingebunden in jagdlich-rechtliche Legitimation – wo gibt es sonst Vergleichbares?

Vor diesem Hintergrund scheint die Frage, ob die Falknerei noch zeitgemäß sei, unbegründet, ja unzulässig. Kann etwas Zeitloses unzeitgemäß sein? Die Antwort müssen jene geben, die alles hinterfragen wollen und müssen, die alles zur Diskussion stellen, obwohl kein Bedarf danach erkennbar ist.

Wer die Frage nach der Zweckmäßigkeit und Zeitgemäßheit der Falknerei stellt, kann ebenso fragen, ob im Zeitalter des Automobils das Fahrradfahren oder das Reiten ebenfalls noch zeitgemäß seien.

Jagen, und dies ist meine ganz persönliche und aufrichtige Meinung, mit wilden Greifvögeln in der heutigen Zeit der Naturentfremdung ist die höchste und künstlerischste Form der Auseinandersetzung mit der Natur an sich; sie ist, sofern jagdlich-falknerisch korrekt, die Vollendung menschlich-tierischen Zusammenlebens schlechthin.

Bezieht man den neuzeitlichen Greifvogelschutz mit falknerischen Mitteln, die Greifvogelzucht, in diese Betrachtungen mit ein, so leistet die Falknerei einen – wenn nicht gar den entscheidenden – Beitrag zum Überleben der Greifvögel überhaupt. Exemplarisch seien hier die Erfolge der Bemühungen um den Erhalt der Weißkopf-

seeadlerpopulation in Amerika und die nicht für möglich gehaltenen Erfolge in der Wanderfalkenzucht in Deutschland und den USA genannt.

Die Frage kann eigentlich nur lauten: Was ist zu tun, um die Falknerei als schützenswertes Kulturgut zu erhalten?

Wer noch immer an der Falknerei zweifelt, wer noch immer hinterfragen und (vor-)verurteilen möchte, den bitte ich weiterzulesen. Vielleicht fasziniert ihn die Biologie der Einmaligkeit des *Falco peregrinus,* des Wanderfalken, oder, umgekehrt: die Einmaligkeit des Biologischen. Doch davon später.

Die Falknersprache

Genau wie die Jäger und Angler, bedienen sich auch die Falkner einer Sprache, die weder eine Geheim- noch eine elitäre Ordens- oder Fach-, sondern eine alte, mannigfaltige und blumige Zunftsprache ist, welche sich bis ins 13. Jahrhundert zurückverfolgen läßt. Demjenigen, der sie beherrscht, hilft sie im Umgang mit seinesgleichen, mit kurzen Worten etwas auszudrücken, was sonst langatmig umschrieben werden müßte. Und jenen, die sie nicht als Zunftsprache nutzen, weil sie eben nun mal keine Falkner sind, ist sie Quell und Indiz für die „unendlichen" Nuancierungsmöglichkeiten unserer schönen deutschen Sprache – und hilft, die alte Falknereiliteratur zu verstehen, ja überhaupt erst lesen zu können.

Nur wer die Falknersprache beherrscht, vermag die Falknerei zu begreifen! Es gibt Jäger – bzw. Angler –, die jagen, ohne der eigenen Zunftsprache mächtig zu sein. Aber es gibt keinen Falkner, der die Sprache der Falkoniere nicht beherrscht!

Immer und immer wieder versuchen Gegner der Jagd und Falknerei, uns unsere Sprache miesmachen zu wollen mit dem Argument, diese „Geheimsprachen" seien nicht mehr zeitgemäß. Ein „Fernsehprofessor" versucht der staunenden Menschheit weiszumachen, daß auch ein Tier ißt und nicht frißt. Indem er somit das Tier „menschlich aufwertet", suggeriert er, daß der so Sprechende dem Tier nähersteht. Würde er einmal die Tiere (und Menschen) bei ihren Eßgewohnheiten genau beobachten, könnte er feststellen, daß die einen mümmeln, die anderen äsen, wieder andere malmen, naschen, nagen, picken, mampfen, atzen, kröpfen, reißen, schlingen, essen, fressen, soupieren, dinieren und so weiter.

Noch ein Beispiel: im Englischen verwendet man für „Haut" praktisch nur den Begriff „skin" (wie traurig!). Im Deutschen hingegen: Haut, Fell, Balg, Jacke, Schwarte, Decke usw. Können so nicht viel feiner, sinniger, nuancierter Unterscheidungen getroffen und beschrieben werden? Allein die Sprache der Jäger und Falkner ist ein faszinierendes Phänomen an sich!

Um Ihnen, lieber Leser, den Einstieg in die Falknersprache zu erleichtern und sie Ihnen näherzubringen, ist ein Anhang (1) angefügt, in dem die wichtigsten – beileibe nicht alle – Ausdrücke in alphabetischer Reihenfolge aufgeführt und erläutert werden. Auch das schon erwähnte Werk des Hohenstaufenkaisers Friedrich II. „De arte venandi cum avibus" bildet – wie könnte es anders sein! – die Grundlage der Falknersprache.

Dem aufmerksamen Leser wird nicht entgehen, daß sie ihre Ursprünge teils im Lateinischen, andererseits auch im Englischen, ferner dem Holländischen und auch im Althochdeutschen hat – fast schon eine „früheuropäische" Sprache!

Im Anhang 1 habe ich mir auch erlaubt, sporadisch einige Anmerkungen anzufügen, teils um den Ursprung, die „Geschichte", des Wortes anzudeuten, andernfalls

um herauszustreichen, daß die Falknersprache lebt: Einiges, das vor Jahrzehnten, Jahrhunderten üblich und gängig war, ist heute aus der „Mode". Und letztlich weise ich von Zeit zu Zeit auf besonders faszinierende Wortschöpfungen und -spiele hin, ganz im Sinne des Titels dieses Buches.

Ein Greifvogel kann „richtig" von „falsch" nicht unterscheiden. Er läßt sich nicht abrichten wie ein Hund oder wie ein Pferd. Er liebt und respektiert dich nicht; er hat für dich keine Zeit. Er ist nur für sich da. Die Beziehung zwischen dir und dem Vogel ist ausschließlich Sache des Futters, und die Freude deinerseits, mit ihm zu arbeiten, liegt seinem Instinkt zugrunde und dem Versuch, zu verstehen, was ihn weckt. Und sie besteht ferner darin, daß der Raubvogel deinem Willen gehorcht.

Alan Wallace vom The Old Hawking Club, in
„The Shooting Field", Bd. 4, London 1996

Greifvögel

Ordnung der Greifvögel

Die Ordnung *Falconiformes*, Greifvögel, ist in 291 Arten über die gesamte Erde verbreitet und in vier Familien unterteilt, nämlich:

      1. Neuweltgeier *(Cathartidae)*
      2. Sekretäre *(Sagittaridae)*
      3. Habichtartige *(Accipitridae)*
      4. Falkenartige *(Falconidae)*.

Wie aus dieser Aufstellung ersichtlich, zählen die Eulen *nicht* zu den Greifvögeln *(Falconiformes)*, obwohl wir sie im Deutschen als Nachtgreifvögel oder Nachtgreife bezeichnen.

Für die Beizjagd kommen im wesentlichen nur Arten der Familien der Habicht- und Falkenartigen in Betracht. Davon werden aber nur verhältnismäßig wenige als Beizvögel abgetragen.

Was zeichnet einen Beizvogel aus? Was muß ein Greifvogel „mitbringen", um als Beizvogel Verwendung zu finden?

Oberflächlich betrachtet, könnte man meinen, der zur Jagd abgetragene Greif muß Beutetiere in gewünschter Größe schlagen können, um als Beizvogel Beachtung zu finden. Ganz so einfach ist dem nicht.

Größe, Jagdart (Jagdstil) und Wesen sind jene Kriterien, nach denen ein Beizvogel „ausgesucht" wird. Hinzu kommen heutzutage Häufigkeit des Vorkommens oder die Möglichkeit des Züchtens einer Art; ferner, ob das Beutespektrum zum jagdbaren Wild zu zählen ist oder nicht. Schließlich – und dies ist in Deutschland nicht ganz unwesentlich – ob der Gesetzgeber die Haltung als Beizvogel grundsätzlich zuläßt, z.B. gemäß Bundeswildschutzverordnung (siehe Kap. „Erwerb eines Beizvogels").

Einen Mäusebussard könnte man ohne weiteres abtragen, doch nur der amerikanische Rotschwanzbussard schlägt Beutetiere bis zum schwachen Hasen.

Die Rohrweihe schlägt Kleinsäuger bis annähernd Hasengröße und Flugwild am Boden, ihr Jagdstil (gaukelnder Suchflug) jedoch entspricht nicht dem, was Falkner sich so vorstellen.

Der Sperber – früher ein viel geflogener Beizvogel: schneidig, mutig und draufgängerisch – findet heute bei uns kaum oder gar keine Verwendung mehr, da die Beutetiere dieses kleinen Greifes (Singvögel bis Drosselgröße) nicht mehr gejagt werden dürfen und der Sperber vom Gesetzgeber (grundsätzlich) nicht als Beizvogel vorgesehen ist.

Ähnliches gilt für den wunderbaren Merlin, den „Gerfalken des kleinen Mannes" oder „Lerchenfalk", wie man ihn früher bezeichnete.

Der allgegenwärtige, reizende Turmfalke, bei Jungfalknern aufgrund seiner „Leichtführigkeit" als Erstlingsvogel sehr geschätzt, ist mehr ein Schau- und Liebhaber- denn ein Beizvogel; Mäuse, in Freiheit seine Lieblingsbeute, schlägt er als Beizvogel nur per Zufall.

Nicht zu unterschätzen ist das Wesen der Greifvögel. Manche – bis hin zu den intelligenten Gerfalken – verlieren in Gefangenschaft sehr rasch ihren Jagdinstinkt. Sie werden bequem, faul und träge und finden sehr schnell heraus, daß man auch ohne Jagd überleben kann – zumindest in der Obhut des Menschen.

Einige afrikanische und südamerikanische Adlerarten wären für die Beizjagd gut geeignet, doch ist ihre Beschaffung aufgrund des Artenschutzabkommens ein Problem, nein, unmöglich – und auch nicht verantwortbar!

Dennoch sieht man auf größeren Beizjagden den einen oder anderen (gezüchteten) „Exoten", wie Harris-Hawk, Haubenadler (Harpyie), Rotschwanzbussard usw.

In letzter Zeit wieder recht häufig sind einige Falkenarten, die in den sechziger und siebziger Jahren so gut wie nicht zu sehen waren. Heute gewährleistet und ermöglicht es die Falkenzucht auch dem einen oder anderen Falkner, einen „Vogel des hohen Fluges" zu fliegen (davon später mehr).

Die Habicht- und Falkenartigen werden nach zwei „Leistungsgruppen" unterschieden. Erstere sind *Grifftöter* mit Reißhaken-Schneideschnabel, letztere *Griffhalter* mit Reißhaken-Beißschnabel. Was sich hier sehr akademisch anhört, bedeutet in der Praxis (und läßt sich im Feld unschwer beobachten), daß die Habichte (und Adler) ihre Beute mit den Fängen greifen und töten, die Falken hingegen halten sie mit den Fängen – den Händen – und töten sie mit dem Schnabel.

Schon am ruhenden Vogel sind diese Merkmale auch für den wenig geschulten Laien erkennbar: Habicht und Sperber z.B. haben relativ kurze Zehen; die Hinterzehe (die Fangklaue) und die Vorderinnenzehe (die Atzklaue) sind wesentlich stärker und länger. Beim Falken ist lediglich die Fangklaue (also Hinterzehe) etwas länger ausgebildet.

Auch der Schnabel offenbart den Unterschied: Der Grifftöter Habicht hat einen Schneideschnabel mit scharfen Rändern, mit dem er ideal Fleischstücke aus der Beute „schneiden" und rupfen kann. Der Falke als Griffhalter hat einen Beißschnabel, einen „Falkenzahn" hinter dem Reißhaken, mit dem er seine Beute durch Biß ins Genick oder in den Hinterkopf tötet.

Ist das Beutetier geschlagen und getötet, wird es mit den beiden Atzklauen gehalten und an den Boden gedrückt, damit es gerupft und verzehrt werden kann. Mit dem Atzen gelangt mehr oder minder viel unverdauliches Haar, Federn oder Chitin in den Kropf, wo sie mittels des emporgepumpten Magensaftes vorverdaut, dann in den eigentlichen Magen herabgedrückt werden und das Verdauliche herausgelöst

wird. Der Rest wird als „Gewölle" – bei anderen Vögeln, z.B. den Bienenfressern, sprechen wir von Speiballen – wieder herausgewürgt. Die Gewölle der echten Greife enthalten, im Gegensatz zu denen der Eulen, im allgemeinen (Ausnahme: zur Aufzucht der Jungen) keine Knochenreste.

Die Falkenartigen bauen in der Regel keine eigenen Horste; sie beziehen von Krähen und/oder anderen Greifen vorgefertigte Horste und polstern diese nur neu aus. Als Fels-, Baum- oder Bodenbrüter genügt ihnen eine anspruchslose Horstmulde.

Adler und Habichtartige bauen eigene Horste, beziehen aber häufig jahrelang (Adler jahrzehntelang) im Frühjahr immer wieder denselben Horst, was durch die alljährlich neuerliche Ausgrünung und Ausbesserung im Laufe der Zeit zu riesigen Horstburgen führen kann.

Greifvögel

Allgemeine Beschreibung der Arten und Unterarten

Dieses Buch kann kein ergänzendes Bestimmungsbuch der Greifvögel sein und will auch nicht in Konkurrenz zu anderen hervorragenden Werken (siehe Literaturverzeichnis) treten. Es soll vielmehr gezielt und konzentriert auf jene Greifvogelarten hinführen und hinweisen, die für die Beizjagd im deutschsprachigen Raum im wesentlichen in Frage kommen.

Zur Familie der Habichtartigen *(Accipitridae)* gehören auch all jene Greife, die nicht zu den Falken (und nur auf diese beiden Familien wollen wir uns hier beschränken) zählen, also Adler, Bussarde, Weihen, Milane, Aare, Wespenbussarde usw. Klopft man diese Familie der Habichtartigen weiter ab, bleiben für die Beizjagd grundsätzlich nur noch der Habicht *(Accipiter gentilis)*, der Sperber *(Accipiter nisus)* als Ausnahme, der Steinadler *(Aquila chrysaëtos)* und der Habichtsadler *(Hieraaëtus fasciatus)* übrig.

Die Bussarde im europäischen Raum (Gattungen *Buteo* und *Pernis*) sind für die Beizjagd ungeeignet; der amerikanische Rotschwanzbussard *(Buteo jamaicensis)* ebenso wie der Wüstenbussard oder Harris-Hawk *(Parabuteo unicintus)* sind zwar auch bei uns als Beizvögel gelegentlich zu sehen, sollen hier aber nur am Rande erwähnt werden.

Die Adler (Gattung *Aquila*) im europäischen Raum erfreuen das Auge des Greifvogelfreundes in fünf Unterarten: dem Stein-, Kaiser-, Schell-, Schrei- und Raub- oder Steppenadler, jedoch nur ersterer, unser heimischer Steinadler *(Aquila chrysaëtos)* der Bergregionen, wird zur Beize verwendet. Der Seeadler ist zu schwer, der Fischadler ein für die Beizjagd ungeeigneter Spezialist. Auf die Sonderstellung des Habichtsadlers gehe ich später ein.

Nun zu den Falken, richtiger: den Falkenartigen *(Falconidae)*. Für uns interessant sind die Groß- und Kleinfalken. Zu letzteren zählen wir den Merlin *(Falco culumbarius)*, mit dem früher vorzugsweise auf Lerchen gebeizt wurde. Dies müssen, so Renz Waller, aufregend schöne Flüge gewesen sein. Dieser interessante Kleinfalke kommt in Norddeutschland nur während des Winterzuges vor und scheidet, genau wie der Baumfalke *(Falco subbuteo)*, aufgrund aktueller Gesetzeslage als Beizvogel aus.

Rotfuß-, Rötel- und Turmfalke haben immer nur als Schau-, nicht aber als Beizvögel eine Rolle gespielt.

Die Großfalken unterscheidet man in Jagdfalken *(Falco hierofalco)* und Wanderfalken bzw. Wanderfalken-Unterarten oder ähnliche.

Zu den Jagdfalken zählen der nordische Gerfalke *(Falco rusticolus)*, der in Süd-

Flugbilder

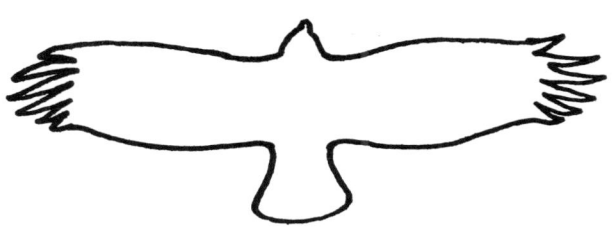

Steinadler

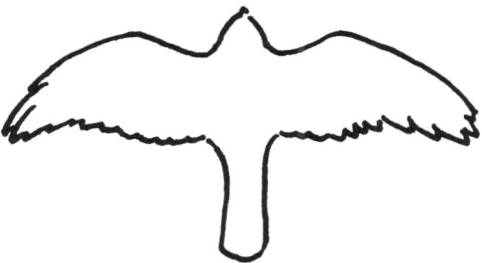

Habicht

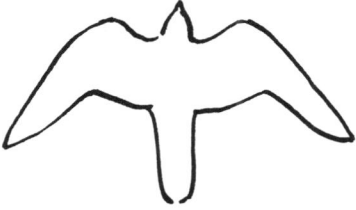

Falke

(Zeichnungen: Jörg Mangold)

osteuropa vorkommende Würg- oder Sakerfalke *(Falco cherrug)* sowie der im Mittelmeerraum beheimatete Lannerfalke *(Falco biarmicus)*. Ferner findet sich als gezüchteter Beizvogel hin und wieder der Lugger *(Falco jugger)* und der Prairiefalke *(Falco mexicanus)*.

Der in Europa und Deutschland am häufigsten bei der Beizjagd eingesetzte Falke ist der Wanderfalke *(Falco peregrinus)*, der in 18 Arten fast um den gesamten Erdball seine Verbreitung hat.

Neben diesen gibt es zur Zeit aufgrund der überaus imponierenden Zuchterfolge sogenannte Hybriden, das sind Mischformen, also nicht reinrassige Arten, die mittels künstlicher Besamung gezüchtet werden, d.h. Gerfalke x Wanderfalke oder Ger-/Saker- x Wanderfalke und so fort. Auf die Problematik der Hybridzuchten werde ich später eingehen.

Die drei „klassischen" deutschen Beizvögel – Wanderfalke, Habicht, Steinadler – bilden, so sieht es auch der Gesetzgeber, die „Säulen" in der heutigen Falknerei, weshalb ich auf diese drei Arten speziell und ausführlich eingehen und dabei immer wieder auf Unterarten oder besondere Spezies verweisen werde.

Wanderfalke

Die wohl ältesten Abbildungen des Falken oder falkenähnlicher Greife finden sich auf und in Kunstwerken der Pharaonenzeit, z.B. der falkenköpfige Gott Horus (18. Dynastie, 1550–1330 v. Chr.), der Gott der Totenstadt von Memphis (Sokaris) mit der Atefkrone des Osiris (19. Dynastie, 1330–1195 v. Chr). Diese stilisierten Falkenköpfe zeigen eindeutig Wanderfalken. Hieraus allerdings zu schließen (was von Zeit zu Zeit immer wieder geschieht), daß im ägyptischen Altertum oder überhaupt in jener grauen Vor-(christlichen)Zeit die Beizjagd ausgeübt worden wäre, ist ein Trugschluß. Es gibt keinerlei Beweise dafür.[24, 27]

Der – „ägyptische" – Falke (sicherlich Wanderfalke, wahrscheinlich *F. peregrinus brookei*) galt als heiliges Tier, er wurde verehrt und vergöttert. Diese Vergötterung kann man sich auch heute noch unschwer vorstellen, wenn man sich vergegenwärtigt, daß im ägyptischen (und auch im indischen) Altertum der Herrscher mit der Sonne identifiziert wurde (Sonne = Falke = Gott) und ein wilder Falke in der Hitze am alten Nil, in Schleifen und Kreisen ringholend, in der Sonnenglut himmelwärts verschwand, um später aus eben dieser „Götterscheibe" wieder hervor- und auf ein Wassergeflügel herabzustoßen – mit einer Geschwindigkeit, die ohnegleichen war. Dies muß die Menschen im Altertum tatsächlich beeindruckt haben.

Der Gerfalke mag in der Blütezeit der Falknerei der begehrteste Greifvogel gewesen sein (und ist es heute noch in der arabischen Welt), und der weiße Gerfalke ist mit Sicherheit „der schönste Greif, den die Welt je sah".[11] Der Wanderfalke jedoch, in

der Hoch-Zeit der Falknerei nur „Schlicht-(= Schlecht-)Falke" genannt, ist im deutschsprachigen Raum heute unter Kennern *der* Beizfalke.

Und dies zu Recht! Denn sein gedrungener, stromlinienförmiger Körper, das harte Gefieder (das härteste aller Großfalken), sein gerundeter Kopf mit dem großen, kreisförmigen, nur gering überschatteten Auge, seine breite, übermäßig stark bemuskelte Brust prädestinieren ihn als außergewöhnlichen Flugwildjäger.

Der weibliche Vogel wiegt bis zu 1.100 g, der Terzel 600 bis 800 g; das Auge des Falken wiegt etwa 30 g, unseres (in Relation zum Körpergewicht) hätte einen Durchmesser von 7,5 cm bei einem Gewicht von 1.750 g.

Die Flügel sind lang und spitz, die für die Geschwindigkeit „zuständigen" Handschwingen lang und schmal, die langen und breiten Armschwingen verleihen Kraft und sorgen dafür, daß der Vogel schwere Beute aufheben und tragen kann.

Die Frequenz des Schwingenschlages beträgt 4,4 Schläge pro Sekunde (Ringeltaube 5,2). Die Gleitphasen während des Fluges sind nicht regelmäßig; häufig entfallen sie ganz. Ein nicht jagender Wanderfalke scheint langsam zu fliegen, ist aber immer schneller, als es aussieht. Im nichtjagenden Horizontalflug fliegt er mit einer Geschwindigkeit zwischen 40 und 60 km/h; jagt er horizontal an, erreicht er leicht eine Geschwindigkeit von 100 km/h bei einer Schwingenfrequenz von 264 Schlägen pro Minute. Im Steilstoß erreicht er bei einem Winkel von 30 Grad bis zu 270 km/h, bei 45 Grad 350 km/h. Das sind Werte, an die kein anderer Großfalke herankommt. In der Endgeschwindigkeit sind Baum- und Wanderfalke die schnellsten Falken überhaupt.

Allein durch sein immenses, durch die Geschwindigkeit hervorgerufenes Stoßgewicht tötet er die meisten Beutetiere schon durch den Schlag, zumindest betäubt er sie, sofern die „vogelmordende" lange Hinterzehe, die wie ein Messer den Rücken oder die Brust durchschneidet, zusammen mit dem Schlag nicht schon lebenswichtige Organe verletzt. Mit dem Falkenzahn im Oberschnabel „beißt" er seinem Opfer das Genick durch. Kein Beutegreifer tötet barmherziger!

Durch seinen Jagdstil hat der Wanderfalke während der Jagd alle Vorteile auf seiner Seite: Es ist die Höhe, aus der er angreift und die ihn häufig „aus dem Nichts" auftauchen läßt. Doch stößt er aus jeder Höhe auf sein Opfer hernieder – mag es ein Meter oder mögen es tausend Meter sein. Tauben werden nicht selten auf eine Entfernung von 1.000 bis 1.500 Meter angejagt – und erfolgreich eingeholt! Altvögel sind im Stoßangriff erfolgreicher als Jungvögel, sie lernen das Stoßen von den Altvögeln – oder der Falkner muß es ihnen beibringen.

Junge Wanderfalken haben eine bis zu acht Wochen dauernde Bettelflugperiode – die längste aller Falken –; dies ist beim Wildflug zu berücksichtigen und reflektiert wahrscheinlich die höchst spezialisierte Angriffstaktik. (Je komplizierter und ausgefeilter die Taktik, desto länger muß geübt werden.)

Hat man Gelegenheit, Wanderfalken über einen großen Zeitraum beobachten zu

können, fällt auf, daß sie häufig spielerisch jagen, wie um zu üben oder um ihre Geschicklichkeit zu vervollkommnen. Nicht alle Vögel drücken sich vor dem fliegenden Falken, die häufigsten – Stare, Tauben, Lachmöwen, Kiebitze – erheben sich vor ihm in die Luft, obwohl sie damit ihre Verwundbarkeit erhöhen. Es wird angenommen, daß die Fähigkeit des Steilstoßjagens eine verhältnismäßig junge Entwicklungsstufe darstellt.[1] Zumindest ist sie die vollkommenste und – für den Zuschauer – die beeindruckendste.

Als Flugjäger fliegt der Wanderfalke gerne, einfach so; mit dem Fliegen kommt die Lust am Jagen, oder er schaut, ob nicht während des Fliegens etwas zu jagen wäre – ohne daß sein Flugstil Suchflug genannt werden darf.

Mit dem Suchflug des Gerfalken ist der Flug des Wanderfalken nicht zu vergleichen. Wanderfalken jagen jene Tiere, die am häufigsten vorkommen, sofern sie ungefähr 250 Gramm wiegen und relativ „deutlich sichtbar" sind. Spatzen und Stare werden selten getötet. „Deutlich sichtbar" heißt, daß Wanderfalken offensichtlich bevorzugt Vögel anjagen, die Weiß im Gefieder haben. Freilich ist das Beutespektrum regional unterschiedlich, doch für sie interessante Beutetiere scheinen Ringeltauben, Lachmöwen und Kiebitze zu sein. Einfarbig graublaue Haustauben bilden nie den größten Beuteanteil.

Wanderfalken im Winter – auf dem Zug oder Strich – halten sich gerne an Flußläufen oder in Küstennähe auf, um dort Wassergeflügel zu jagen, doch jagen sie höchst ungern über Wasser.

Dennoch lieben Wanderfalken das Bad; sie baden täglich. Für ein Bad im fließenden Gewässer, fünfzehn bis zwanzig Zentimeter tief (nie weniger als fünf oder mehr als dreißig), fliegen sie nicht selten zwanzig bis dreißig Kilometer. „Die Suche nach einem geeigneten Badeplatz ist eine der wichtigsten täglichen Beschäftigungen des

---

Links oben: Der Baumfalke zählt zu den schnellsten Falken und stellt eine kleinere Ausgabe des Wanderfalken dar. Er jagt überwiegend Schwalben, Mauersegler und Insekten (Foto: Dietmar Nill).

Rechts oben: Die schönen, zierlichen Rotfußfalken sind in der älteren Literatur noch als Beizvögel angeführt. In Freiheit jagen sie überwiegend – und durchaus schneidig – Großinsekten (Foto: Verfasser).

Links unten: Einen im Zickzackflug durchs Stangenholz jagenden Sperber zu erleben, vermittelt augenfällig den Prototyp des Beizvogels: Schneid, Draufgängertum, Mut, Rasanz, Härte und Beutewillen zeichnen ihn aus (Foto: Dietmar Nill).

Rechts unten: Der Gerfalke – hier ein Terzel, auch Jerkin genannt – spielt, auch aufgrund der gesetzlichen Vorgaben, im deutschsprachigen Raum als Beizvogel nicht mehr jene Rolle wie in den vergangenen Jahrhunderten (Foto: Verfasser).

Wanderfalken…"[1] Falls Beizfalken wenig baden oder dies gänzlich verschmähen – trotz idealer Wassertiefe –, sollte die Farbe der Brente geändert werden, denn wilde Falken bevorzugen einen Gewässeruntergrund ihrer eigenen Farbe.

So wie wir den Wanderfalken auf Bildern oder in Falkenhöfen sehen – im Alterskleid oberseits blau bis blauschwarz oder grau-graublau, unterseits weißlich mit grauer Querbänderung, ausgeprägtem Backenbart und leuchtend gelber Wachshaut um Auge und Schnabel –, sehen wir ihn in der Natur nur selten, eigentlich überhaupt nie. Steht (hockt) er irgendwo auf einem Baum oder einem Felsen, wirkt er plump gedrungen, graubraun, fast farblos, mit der Natur verschmolzen.

Fast immer ist er im Flug und, entsprechende Nähe oder mittelmäßiges Fernglas vorausgesetzt, am Backenbart und an der gelben Wachshaut zu erkennen.

Jungvögel sind bis zur vollständigen Vermauserung (manchmal erst im zweiten Jahr) oberseits braun und unterseits beige mit braunen Längsstreifen. Diese Längsstreifung variiert von Fuchsrot bis Sepia, das Beige bis blaßgelb.

Alles an Wanderfalken variiert: Aussehen, Gewicht, Größe, Persönlichkeit, Verhalten, Beutespektrum, Jagdstil – alles. Ja selbst fundierte Aussagen von Wissenschaftlern, wie: „Der Wanderfalke jagt ausschließlich Flugwild", müssen revidiert werden, genauso wie ähnliche Statements mit Ausschließlichkeitscharakter mit Vorsicht zu behandeln sind, denn mittlerweile ist erwiesen, daß der Wanderfalke Vögel auch am Boden und sogar (ausnahmsweise) auch Mäuse, Würmer und Insekten jagt.

So variabel die Vögel selbst sind, so konservativ ist ihr Brutverhalten. Über Jahrzehnte, ja Jahrhunderte scheinen sie immer und immer wieder die alten Brutplätze zu bevorzugen. Seien es Baumbrüter – wie die gesamte (vorübergehend ausgestorbene) Population Schleswig-Holsteins, in der Lüneburger Heide und Mecklenburg-Vorpommern – oder die Felsbrüter im Weserbergland, Rhein-Main-Tal, im Fränkischen Jura, der Sächsischen Schweiz oder im Bayerischen Wald oder gar die Stadtfalken am Kölner Dom oder der Frauenkirche in München.

Der Gesamtbestand der Wanderfalken betrug 1950 in der BRD (ohne DDR) zwischen 380 und 410 Brutpaare,[9] in den sechziger Jahren ging er aufgrund des Einsatzes von DDT auf 50 Paare zurück. Derzeit hat er sich, nicht zuletzt aufgrund von Auswilderung, Horstbewachung und (das Wichtigste!) des Verbotes von DDT wieder auf über 400 Brutpaare stabilisiert, mit steigender Tendenz.

Der Wanderfalke ist der am besten ausgerüstete Flugwildjäger; er ist Flugspezialist, aber dennoch anpassungsfähig. Hierfür spricht schon seine Verbreitung rund um den Erdball.

Immer – ob wir den Falken auf der Faust, über uns anwartend oder in Freiheit als Wildvogel sehen – beeindrucken uns sein Verhalten und seine vollkommene „jägerische" Ausstattung, seine schnörkellose, edle Ausstrahlung. Im Wind schwimmend, in der Luft spielend, mit einer Leichtigkeit und Ritterlichkeit jagend, die uns den Ernst des Tötens vergessen läßt, verkörpert der Falke trotz seiner „Schlichtheit" den

perfekten, edlen Greifvogel an sich, den zu schützen und zu erhalten auch – und gerade – falknerische Verpflichtung ist.

Habicht

Mit ihren 47 Arten ist die Gattung *Accipiter* die umfangreichste unter den *Falconiformes*. Das Brutgebiet unseres europäischen Habichts *(Accipiter gentilis)* erstreckt sich von Norwegen bis Spanien, in England ist er (so gut wie) ausgerottet.

Obwohl der Habicht, besonders der Altvogel, ein farbenprächtiger und, aus der Nähe, ein auffälliger Greifvogel ist, wird er von Jägern und Naturfreunden kaum oder gar nicht wahrgenommen. Dennoch gehört er zu den leistungsfähigsten Greifvögeln unserer Lande überhaupt.

Noch in den sechziger Jahren verkörperte der Habicht (der Hühnerhabicht!) *den* schädlichen Raubvogel schlechthin. Alles, was einen krummen Schnabel und scharfe Klauen hatte und nur irgendwie nach Raubvogel aussah, war „der böse Habicht", der geschossen, gefangen, vergiftet, bekämpft und ausgerottet werden mußte. Und kaum einer jener Schreier, Plärrer, „Hängt-ihn-Rufer" (damals wie heute) hat ihn jemals richtig gesehen, objektiv beobachtet geschweige denn studiert.

Dieser relativ große Vogel – der Terzel hat eine Länge von ca. 50 cm bei einem Gewicht von 600–830 g; das Weib wiegt bis 1.300 g bei einer Länge bis zu 62 cm – lebt am Rande ausgedehnter Nadel-, Laub- oder Mischwaldungen, wo er seinen Horst immer in der Nähe von „Einflugschneisen" (Waldwegen, Schneisen, Gestelle o.ä.) hat.

Mit seinen kurzen, runden Schwingen und langem, geradem Stoß hat der Habicht eine Flügelfläche von 1,3 cm^2 pro Gramm Körpergewicht; er verkörpert einen ganz anderen Greifvogeltyp als der Wanderfalke. Der Habicht ist Kurzstreckenjäger, Pirschjäger, Überrumpler. Sein ideales Jagdgebiet ist immer ein abwechslungsreiches Gelände: Büsche, Hecken, Kussel, Mischbiotope, Ortsrandlagen – somit jenes Terrain, wo er sich überfallartig und geschickt, jede Deckung ausnutzend, anpirschend, aus heiterem Nichts mutig, schneidig, tollkühn, draufgängerisch über seine Beute wirft. Haarwild von der Maus bis zum (schwachen) Hasen, besonders gerne Kaninchen und Federwild vom Sperling über die Taube und den Häher bis zum Fasan, schlägt er alles, was das Revier zu bieten hat. Einesteils ist er nicht wählerisch, anderseits jedoch jagt er, was am häufigsten vorkommt; ja wie kaum ein anderer Greif spezialisiert er sich auf das häufigste Beutewild.

Seine vehemente Jagdweise, seine Größe und Stärke prädestinieren ihn als den deutschen Allround-Beizvogel für fast alle Revierverhältnisse. Die sehr kräftigen Fänge mit den scharfen, langen Klauen kennzeichnen ihn als den klassischen Grifftöter.

Oft schon im Dezember hält sich das Habichtpaar, welches ein Leben lang zusammenhält, im 1.000 bis 5.000 ha großen Brutrevier auf. Ab Januar/Februar sind bei schönem, sonnigem Wetter seine Balzflüge zu sehen, die diesen heimlichen „Buschjäger" von einer ganz anderen Seite zeigen. Regelrecht „Anlauf nehmend", entfernt sich der Terzel, um mit starkem Schwingenschlag in die Nähe des Weibes zu gelangen und dann raketengleich – ähnlich den Balzflügen des Ringeltaubers – senkrecht gen Himmel zu schießen. Zweimal habe ich erlebt (einmal im Weserbergland, das andere Mal in den Lechauen bei Augsburg), wie sich das Weib mit hell leuchtenden Unterschwanzdeckfedern dem Terzel entgegenwarf und beide, ineinander verkrallt (oder zumindest sehr nahe), senkrecht umeinanderwirbelten, um dann keckernd und kickernd in aufregendem Wirbelflug im Wipfelraum der hohen Bäume zu verschwinden.

Ende März/Anfang April legt das Weib im Abstand von zwei bis drei Tagen drei bis vier glanzlose grünlichweiße Eier in den stets begrünten Horst. Mit dem zweiten Ei beginnt eine (durchschnittlich) 38tägige Brutdauer (die von verschiedenen Autoren von 36 bis 41 Tagen angegeben wird). Während der etwa zehnwöchigen Zeit der Brut und Jungenaufzucht mausert der weibliche Vogel einen Großteil des Gefieders und ist somit nur bedingt zur Jagd und zur Nahrungsbeschaffung fähig. Dies besorgt der Terzel, der unermüdlich für sich, seinen Partner und die Brut Nahrung, meist in Drossel- bis Taubengröße, herbeischafft.

Nach einer Nestlingszeit von 36 bis 40 Tagen verlassen die rötlichbraun gefärbten Junghabichte den Horst, und es folgt eine knapp dreiwöchige Bettelflugperiode, in der sie von den Elterntieren im Jagen und Beuteschlagen trainiert werden. Ungefähr im August löst sich der Familienverband derer von Hauke (Habicht) auf, die Jungen verstreichen, suchen sich ein neues Revier und sind bereits im nächsten Jahr fortpflanzungsfähig.

Die Junghabichte werden aufgrund ihres rötlichbraunen bis schmutziggelbbraunen (längsgetropften) Jugendgefieders Rothabichte genannt. Nach der ersten, nicht immer ganz vollständigen Mauser erwächst hieraus das im Alter immer kontrastreicher und farbenfreudiger werdende hell- bis dunkelgraue Altersgefieder. Der adulte Habicht ist vorne, im Brustgefieder, fast weiß und grau gewellt, oberseits dunkel, fast schiefergrau, mit schneeweißen Unterschwanzdeckfedern, orangeroter Iris und quittegelben Fängen.

Die Sterblichkeitsrate ist bei jungen Habichten überaus groß; nur etwa 2 bis 3% werden fünf Jahre alt. In Gefangenschaft – bei Falknern – erreichen Habichte unter idealen Haltungsbedingungen ein Alter von zwanzig und mehr Jahren; zehn, zwölf Jahre sind keine Seltenheit.

Beizhabicht auf Beute (Foto: Nach einem Aquarell von Bodo Meier).

Der ruhende Habicht – Entspannungsgeste, einen Fang eingezogen, Kopf etwas vorgestreckt – wird von fast allen Vögeln gehaßt und belästigt; zeigt er jedoch die Beutebereitschaftsgeste – schlanker Vogel, langer Hals, starrer Blick, gespannter Körper –, fliehen alle fluchtartig nach oben, was von Falknern ganz hervorragend anläßlich Freier Folgen beobachtet werden kann.

Die Beute wird nicht nur optisch, sondern auch akustisch lokalisiert, mit einem stark beschleunigenden Angriffsflug flach über dem Boden unter Ausnutzung von Deckung (nicht selten auf „Umwegen", Taktik!) rasant angeflogen und geschlagen. Diesen scharfen Angriffsflug kann auch ein wild lebender Habicht (gut konditioniert) nur über etwa 500 Meter durchhalten. Bei der Jagd auf einen Tauben- oder Krähenschwarm stürzt sich der Habicht anscheinend „ungezielt in den Haufen" (wobei, für uns nicht immer feststellbar und, falls Gelegenheit dazu, doch häufig ein schwaches oder krankes oder irgendwie ungewöhnliches Stück ausgesucht wird), sprengt so ein Individuum heraus und verfolgt es. Meist bleibt es bei nur einem Stoß, selten erfolgt bei einem Fehlstoß die weitere Verfolgung.

In freier Wildbahn schlägt ein gesunder Habicht problemlos Beutetiere bis zum doppelten, seltener, jedoch nicht ungewöhnlich, sind Leistungen bis zu 374% des Eigengewichtes.[14]

Geschlagene Beute wird meist in Deckung, nie auf freiem Feld gerupft. Häufig kehrt der Habicht zum unvollständig gekröpften Beuterest zurück.

Von Süd nach Nord und Südwest nach Nordost werden die Habichte des europäischen Populationsgebietes immer heller und auch stärker. Nordische, z.B. finnische Habichte erscheinen fast um ein Drittel kräftiger als unsere heimischen, und in der Tat erreichen skandinavische weibliche Vögel Durchschnittsgewichte von 2.200 g.

In den letzten Jahren hat sich der Bestand des Habichts, zumindest in Deutschland, aufgrund der Unterschutzstellung wieder erholt. Dort, wo der Hasen- und auch Kaninchenbesatz zurückgeht, weicht der Habicht auf Drosseln, Häher, Elstern und Rabenvögel als Beutetiere aus. In Auer- und Birkwildschon- und -auswilderungsgebieten erscheinen der Fang und die Aushorstung als Ausnahme eine mögliche Alternative zur Jagd. Ihn wieder, auch sporadisch, zu bejagen oder dies zu fordern, wäre eine Katastrophe für den Naturschutz, den Habicht und – die Jäger!

Steinadler

Im Gegensatz zu anderen Greifvögeln begegnet uns der Adler im heutigen Leben allenthalben: Wir entdecken ihn auf Münzen, an Gedenktafeln, auf und an Denkmälern, und er ist im Bundestag und in den Parlamenten sehr vieler Staaten allgegenwärtig. Allerdings sind diese Adler oft so stark abstrahiert, stilisiert und „sym-

bolisiert", daß sich kaum noch die Art, geschweige denn die Unterart bestimmen läßt. Meistens – zumindest so mein Eindruck – dürften es angesichts der über die Maßen dimensionierten Schnäbel wohl Seeadler sein. Für Otto Normalverbraucher (ich entschuldige mich bei allen Ottos) mag es genügen, daß es sich um einen Adler – den König der Lüfte – handelt.

Der europäische Seeadler *(Halieaëtus albicilla)* ist unser größter, der Fischadler *(Pandion halieaëtus)* wohl unser farbenprächtigster, der Habichtsadler *(Hieraaëtus fasciatus)* angeblich der schneidigste und der Steinadler *(Aquila chrysaëtos)* der königlichste Adler. Auf alle Fälle – und jetzt beschränke ich mich auf den Steinadler – ist er nicht der König der Lüfte (dieser Titel stände allenfalls, wenn überhaupt, dem Wanderfalken zu); dies ist irgendeine übernommene dichterische Verherrlichung, nicht aber ein biologisch begründbares Faktum. Vielleicht ist unser Steinadler der stärkste heimische Greif – wir werden sehen...

Der Steinadler, den es heute überwiegend nur noch im Alpenraum (und vereinzelt wieder im Schwarzwald) gibt, kam früher auch im Flachland, in den Mittelgebirgen vor, so im Erzgebirge, im Thüringer Wald, im Harz, in der Eifel und im Riesengebirge. Obwohl der Bestand des Adlers in den deutschen, österreichischen, Schweizer, italienischen und französischen Alpen als gesichert angesehen werden kann, genießt er trotz strenger Schutzbestimmungen nicht überall Sympathien. So wurden in der Zeit von 1959 bis 1965 in Österreich (trotz Unterschutzstellung!) hundert Exemplare geschossen, gefangen oder vergiftet; in zwölf französischen Departements sind von 1955 bis 1963 sage und schreibe 410 Steinadler getötet (erlegt?) worden.[9]

Der Steinadler in unserem Raum ist eigentlich mit keinem anderen Vogel zu verwechseln. Sein Gewicht – ausgewachsene Terzel variieren von 3.250 bis 4.400 g, adulte Adler erreichen Gewichte bis 6.000 g – weist ihn als einen großen, sein Aussehen (Länge etwa 100 cm), besonders sein Flugbild (Spannweite bis zu 240 cm) als einen markanten Greif aus.

Von ferne eher einfarbig dunkelbraun, erscheint uns sein Äußeres aus der Nähe jedoch Ton in Ton farbenfroh. Ältere Vögel zeichnen sich durch einen mittel- bis rostbraunen Scheitel, Nacken und Schulteransatz aus. Die Oberschwanzdeck- und Bürzelfedern sind häufig heller und mit gelbbrauner Spitze versehen. Die Stoßfedern mit dunkelbrauner Spitze haben meist zwei bis drei helle Querbinden. Insgesamt wird ein Altvogel am Kopf „goldgelb" (daher auch Goldadler), ansonsten braungrau gefleckt oder braunmarmoriert. Jungvögel – in der Regel bis zur Geschlechtsreife im 5.–6. Jahr – haben viel mehr Weiß im Gefieder, wirken auch im Flug heller, und an den Stoßfedern läßt sich anhand des Anteils „Weiß" von Kennern das Alter bestimmen.

Daß dieser große Vogel ein entsprechendes Jagd- und Brutgebiet beansprucht, ist einleuchtend. So sind Jagdreviere von 100 bis 300 km² bekannt. Einesteils bejagen Adler ein riesiges Revier, welches sie nicht selten gegen Artgenossen verteidigen,

andererseits sind beflogene Horste in Entfernungen von 4 km bekannt; die Brut- sowie Jagdgebiete – sprich: die Lebensräume – müssen einander weitläufig überlappen, eine hohe Siedlungsdichte vorausgesetzt.

Schon im Winter finden sich geschlechtsreife Tiere (und bleiben ein Leben lang zusammen), paaren sich sehr früh, und bereits im März legt das Weib ein bis zwei Eier in den immer begrünten Horst an einer Felswand oder einem Felsvorsprung. Da das Brüten mit dem ersten Ei beginnt, ist eines der Jungen häufig wesentlich schwächer, und so hat es wegen Unterernährung fast regelmäßig keine Überlebenschance. Nicht nur während der Paarungszeit kommt es zu beeindruckenden Flugspielen, dem sogenannten „Girlandenflug".

Jungadler fliegen von Mitte bis Ende Juni, Juli, manchmal erst im August aus. Nach dem Ausfliegen „wandern" sie bis zur Geschlechtsreife umher, wobei sie nicht selten den Alpenraum verlassen. Das Elternpaar verbleibt im alten Revier. – Adler erreichen ein Alter von 25 bis 30, in Gefangenschaft bis zu 57 Jahren.

Der Steinadler ist ein ausgesprochener Segel- und Gleitflugspezialist. Selten ist er – wie zum Beispiel der Fischadler – im Ruderflug zu sehen. Bei Distanzflügen steuert er sein Ziel ungern direkt, sondern fast immer auf Umwegen an, indem er, günstige Winde ausnutzend, sich höher und höher schraubt, um sein Ziel dann über große Entfernungen (bis zu mehreren zehn Kilometern) in einem einzigen gigantischen Gleitflug zu erreichen. Im Gleitflug – je nach Wind – kann er Geschwindigkeiten bis zu 150 km/h, im „wanderfalkenartigen" Stoßflug (den ich selbst noch nie gesehen habe) angeblich bis zu 320 km/h erreichen. Der Flug des Adlers sieht immer viel langsamer aus, als er in Wirklichkeit ist.

Seine Beute (Murmeltiere, Feld- und Schneehasen, Gams- und Rehkitze) schlägt er, indem er sich aus dem Suchflug überfallartig und – ganz typisch für den Steinadler – überraschend auf sie herabstürzt oder sie von einer Warte aus anjagt. Aus dem Verfolgungsflug kann er Beutewild sowohl am Boden als auch in der Luft schlagen, ohne seine Geschwindigkeit zu reduzieren. Unerfahrenen Jungadlern wird diese – offensichtlich angeborene – Taktik nicht selten zum Verhängnis, da sie sich sehr leicht verletzen können.

Glaubhafte Beobachtungen bezeugen, daß Steinadler auch gemeinsam, also zu

Links oben: Saker-(Würg-)falke auf geschlagener Krähe (Foto: Mihály Bodnár).
Rechts oben: Anfliegender Althabicht (Foto: Dietmar Nill).
Links unten: Steinadlerporträt (Foto: Dietmar Nill).
Rechts unten: Abstreichender Wanderfalke (Foto: Dietmar Nill).

Alle hier gezeigten Greife verkörpern ideale Beizvögel, und jedes Foto demonstriert – auf seine Weise – den besonderen Reiz des Umgangs mit wilden Greifen.

zweit, jagen, indem einer versucht, ein Gamsrudel „zu sprengen" oder das aufmerksame Elterntier, die führende Gams, abzulenken, und der andere Adler dann, 100 bis 300 Meter folgend, das unbeaufsichtigte oder ungedeckte Kitz zu schlagen.

Die Tatsache, daß die Kirgisen mit Steinadlern Gazellen, Füchse und Wölfe jagen, darf nicht als Grund oder Alibi verwendet werden, Adler würden Rotkälber und Menschenkinder schlagen und forttragen. Im Einzelfall schlägt ein Adler ausnahmsweise wesentlich größere Tiere als sonst auf seinem Speiseplan stehen, meistens handelt es sich jedoch um nicht von ihm selbst geschlagene, sondern verunglückte Kadaver, an deren Riß er sich beteiligt. Nachgewiesen ist, daß Adler nur bei ganz günstigen Windsituationen – z.B. starke Hangwinde – mehr als ihr eigenes Körpergewicht tragen können.

Allerdings gehört der Steinadler (meiner persönlichen Meinung nach) zu den intelligenteren Greifvögeln, und manch kaum glaubhaft anmutende Jagdstrategie oder einen spektakulär „vorgetragenen" Jagderfolg als Unsinn oder Mär abzuwerten, bedarf beim Adler immer der seriösen Recherche, denn einesteils wird ihm viel angedichtet, anderseits ist er zu allem fähig. Beutetieren bis zur Größe eines ausgewachsenen Rehs zerdrückt er mit einem einzigen Griff die Hirnschalen; etwa gleichgroße Tiere überholt er im Fluge, um sie dann schlagartig von vorn anzugreifen und seine Fänge in Kopf, Gesicht oder Brustkorb zu schlagen. Über sich drückenden Beutetieren kann ein Adler sehr lange kreisen und unendlich lange auf einer Warte seines Opfers harren. Von Beizadlern ist bekannt, daß sie, sofern sie zunehmend auf Hasen eingestellt sind, diese bereits in der Sasse wahrnehmen und sie ruhend lieber schlagen als flüchtend.

Adlerkenner – und Falkner bestätigen dies – bezeugen, daß diese mächtigen Vögel besonders beim Jagen lernen, also imstande sind, aus Erfahrungen „Schlüsse" zu ziehen – mehr als jeder andere Greifvogel. Und da Adler ein für Vögel unglaubliches Gedächtnis haben, prägen sich auch bestimmte „Jagderlebnisse" (mit Beuteerfolg), bezogen auf ein bestimmtes Landschaftsprofil oder einen markanten Geländepunkt, besonders ein. In den Bergen (im Adlergebiet) sind den Jägern ganz bestimmte „Schlagplätze", also Geländeabschnitte, seit Menschengedenken bekannt, an denen Adler immer und immer wieder Jagderfolg haben.

Weshalb, diese Frage muß am Ende dieses Kapitels beantwortet werden, weshalb also kommt uns unser Steinadler so „königlich" vor, und weshalb gibt es Menschen, die diesen schweren, „unhandlichen" Beizvogel allen anderen vorziehen?

„Königlich" mag der kreisende Adler in den Bergen wirken; der flache Angriffsflug knapp über dem Ackerboden hinter einem Hasen her wirkt eher gemächlich – ohne es zu sein.

Der stehende Altvogel, mehr waagrecht als „bussardähnlich sitzend", mit leicht gesträubtem goldbraunem Nackengefieder, „dräuenden" Blickes konzentriert in der Weite suchend, wirkt zweifelsohne königlich, zumindest ein wenig aristokratisch...

Ein Vogel mit Persönlichkeit

Der Grund jedoch, weshalb sich Falkner den Strapazen aussetzen, einen etwa 5 kg schweren Vogel über den Sturzacker zu schleppen, ist sicherlich der, daß Steinadler, mehr als jeder andere Greif- und Beizvogel, Profil, Charakter, also Persönlichkeit haben. Und dies hat nicht nur etwas mit ihrer hohen Lebenserwartung zu tun. Nicht nur in Freiheit leben Adler monogam, nicht selten gehen Falkner und Beizadler eine Verbindung ein, die ein Leben lang hält und von Jahr zu Jahr inniger wird. Umgekehrt – und dies wiederum macht uns den Steinadler so „menschlich" – mündet manche Beziehung in eine Katastrophe. Letzteres wäre vermeidbar, wenn sich manch ein voreilig „Adler-Verliebter" mehr auf seinen Verstand denn auf sein Gefühl verließe.

Alle Beizvögel sind als Statussymbole völlig ungeeignet, obwohl sie leider Gottes als solche herhalten müssen. Ganz besonders trifft dies auf den Steinadler zu.

Als ich Anfang der sechziger Jahre die Falknerei erlernte, war der Habicht der Standardvogel der Falkner, der Steinadler etwas Seltenes, der Wanderfalke etwas Außergewöhnliches und der Gerfalke gar jenseits meiner Vorstellungswelt. Und heute, da ich an diesem Buch arbeite, „rutscht" der Gerfalke unter „sonstiges" – die Zucht hat es möglich gemacht. Dennoch habe ich ein ungutes Gefühl, am Niedergang des Ansehens, an der Entzauberung des Nimbus, am Abbau der Wertschätzung für einen der schönsten und außergewöhnlichsten Greifvögel der Welt, des Gerfalken, mitzuarbeiten und mitzuhelfen.

Mich nicht zu entschuldigen, sondern meine Vorgehensweise erläutern zu wollen, ist Sinn dieser Vorrede, denn eigentlich wollte ich nur die klassischen „deutschen" zeitgenössischen Beizvögel vorstellen, nicht aber die außerdeutschen oder außereuropäischen. Mit der Greifvogelzucht großen Stils ist es aber gleichsam jedermann möglich geworden (sofern die gesetzlichen Voraussetzungen erfüllt sind), sich auch jene Beizvögel anzuschaffen, deren Besitz vor Jahrzehnten schwerreichen arabischen Scheichs vorbehalten war. Nein, in einem Buch über die Falknerei, auch wenn es nur um die im deutschsprachigen Raum geht, kommt man an einigen bemerkenswerten Greifvögeln nicht vorbei, weshalb ich sie hier wenigstens in aller Kürze darstellen möchte.

Der

GERFALKE (FALCO RUSTICOLUS)

gehört zum Formenkreis der Jagdfalken (Untergattung *Hierofalco*) und kommt als Brutvogel nur in den arktischen Regionen Nordeuropas, Nordamerikas, Asiens sowie auf Island (Islandfalke) und auf Grönland vor. Der größte – und begehrteste – al-

ler Falken erreicht eine Länge von 50–60 cm, eine Spannweite von ungefähr 135 cm und ein Gewicht von 950 bis 1.300 g für den Terzel und 1.300 bis 2.000 g für den Falken (ostsibirische Falken: 2.600 g[4]).

Im Aussehen variiert der Gerfalke noch mehr als in seinen Maßen und Gewichten, was zu den unterschiedlichsten Gliederungsversuchen geführt hat. Morphologisch stehen die Gerfalken den Würgfalken nahe, schärfer sind die Unterschiede zu den Wanderfalken. Die Färbung der Gerfalken reicht vom fast reinen Weiß (Polarfalke) über das Grau, Graubraun bis fast zum Schwarz der dunklen Phase der Labrador-Gerfalken.

Im Vergleich zum Wanderfalken hat der Gerfalke breitere Schwingen, einen längeren Stoß und eine niedrigere Schwingenschlagfrequenz, was seinen Flug langsamer erscheinen läßt als den des Wanderfalken. Im horizontalen Verfolgungsflug jedoch – und hier scheinen sich alle Fachleute einig – ist der Gerfalke schneller als der Wanderfalke: Es bereitet ihm keine Schwierigkeit, Birk- und Schneehühner einzuholen. Aufgrund seiner Größe ist er nicht so wendig wie der Wanderfalke, doch gleicht er dies durch Ausdauer und Beharrlichkeit im Verfolgen aus, was wohl zu seinem Ruhm als Reiherfalke beigetragen hat.

Im Gegensatz zum Wander- ist der Gerfalke problemlos in der Lage, Beute sowohl am Boden als auch in der Luft zu schlagen. Als nicht spezialisierter Vogeljäger ist sein Außenfinger nicht so lang wie beim Wanderfalken, und seine Finger sind im Verhältnis insgesamt kürzer, weshalb er seine Beute selten in der Luft greift, sondern sie niederschlägt und dann am Boden durch Nackenbiß tötet. Er gilt als ungestümer Jäger und Angreifer.

Abgeleitet aus seiner Jagdweise, im weiträumigen Suchflug nach Beutetieren Ausschau zu halten, sagte man ihm lange nach, daß er zum Anwarten ungeeignet sei (Schwerfalke), was jedoch in neuester Zeit widerlegt wurde. Er jagt und wartet anders an als der Wanderfalke; so gewinnt der Gerfalke zum Beispiel im langen geraden Steigflug an Höhe, der Wanderfalke hingegen in Kreisen und Schleifen, und im Anwarten erreicht er nie die Höhen von guten Anwarte-Wanderfalken.

Gerfalken gelten als intelligent und aufmerksam; sie lassen sich nicht leicht übertölpeln. Andererseits sagt man ihnen eine gewisse Sturheit nach, und sie sind leicht verprellt, besonders bei nicht erfolgreichen Jagdflügen. Es ist bei ihnen nicht unge-

Oben: Adler sind faszinierende Geschöpfe; kein Wunder, daß sich auch immer wieder Künstler zu ihnen hingezogen fühlen. Hier: Steinadler jagt einen Fuchs an (Foto: Nach einem Gemälde von Dieter Schiele).
Unten: Gerfalke (Foto: Nach einem Gemälde von Josef Niederlechner).

wöhnlich, daß ein erfolgloser Jagdflug in einen Jagdsuchflug von 20 bis 30 Kilometer übergeht.

Der Gerfalke ist sowohl Fels- als auch Baum- und Bodenbrüter, letzteres wahrscheinlich jedoch nur mangels anderer Horstgelegenheit. Zur Eiablage – drei bis vier Eier – kommt es vom April bis Mai, je nach Witterung, meistens aber, wie auch beim Wanderfalken durchaus nicht ungewöhnlich, im Schnee. Das Bebrüten erfolgt mit Ablage des ersten Eies und dauert 28, 29 Tage,[4] andere Autoren[23] geben 30 bis 34 Tage an. Die Nestlingszeit beträgt ca. 47 Tage, die Bettelflugperiode dauert vier Wochen.

Diese großen, schönen Falken scheinen im ersten Jahr ein schwaches Immunsystem zu haben, weshalb sie zur Aspergillose (Befall von Fadenpilzen) neigen.

Der

SAKERFALKE (FALCO CHERRUG)

auch *Würgfalke* genannt, ist mit sechs Unterarten über die Halbwüsten und Steppengebiete Südosteuropas bis nach China vertreten. In unserer näheren Heimat ist er als Brutvogel in der Ungarischen Tiefebene (vom Verfasser bestätigt) und im österreichischen Seewinkel als Durchzügler zu beobachten.*

In der asiatischen Falknerei hat dieser elegante Großfalke einen gewaltigen Stellenwert, nicht zuletzt aufgrund seiner Jagdweise sowohl am Boden als auch in der Luft.

Der Saker erreicht eine Länge von 58 und eine Spannweite von 130 cm bei einem Gewicht von 700 bis 800 g (Terzel) und 920 bis 1.300 g (Falke). Früher beizten die asiatischen Falkner mit ihren Sakern und Windhunden auf Gazellen. In Europa ist er heute ein prädestinierter Faustfalke auf Fasane, Krähen, Möwen; auf Kragentrappen im arabischen und pakistanisch-indischen Raum. Wildvögel schlagen Säugetiere bis Zieselgröße (selten schwache Hasen) und Flugwild bis Entengröße.

Der Saker gilt als genügsamer, leicht abzutragender, ja pflegeleichter, doch *intelligenter* Beizfalke, der sich selten verstößt. Geschieht dies doch einmal, tendiert sein Verstreichen überwiegend in südöstliche Richtung.

Sakerfalken beginnen – gleichgültig, ob Rückkehrer aus dem Überwinterungsgebiet oder Überwinterer – Anfang März mit der Balz und beziehen meist einen Baumhorst (früher sind aber auch Felsbrüter an den Felshängen des südlichen Wienerwaldes bekannt gewesen)[9], den sie von anderen Vögeln (Bussarden, Reihern, Krähen, Adlern) „übernehmen" oder ihnen streitig machen. Die (durchschnittlich)

---

* In den letzten Jahren muß die Sakerfalkenpopulation „explodiert" sein: Seriöse Schätzungen sprechen von ca. 150, mehrere sogar von 200–300 Brutpaaren!

vier Eier werden 30 Tage hauptsächlich vom Weib (wie bei allen Falken) bebrütet; die Nestlingszeit dauert ca. 45 Tage, die Bettelflugperiode einen Monat. Junge Saker zeigen die typisch blaugraue Färbung der Wachshaut und Ständer, was ihnen von alters her den Namen „Blaufuß" eintrug.

Der

HABICHTSADLER (HIERAAËTUS FASCIATUS)

sollte lange Jahre hindurch die „Lücke" zwischen Habicht und Steinadler schließen. Man versprach sich von diesem schneidigen Adler die Kraft des Steinadlers und die Wendigkeit des Habichts. Alle Vögel in den fünfziger und sechziger Jahren erfüllten diese Erwartungen – nicht. Wahrscheinlich kamen sie damals als Wildfänge über Zoohandlungen in Falknerhand, denn alle „zeichneten" sich durch eine schier unerträgliche Nervosität und Gereiztheit aus.

Heute, da man Habichtsadler nur über die Zucht erwerben kann, sind es akzeptable Beizvögel, die in Art und Wesen mehr dem Habicht, im Jagdstil dem Steinadler ähneln.

Der Habichtsadler ist in Nordafrika, in Spanien und im Mittelmeerraum sporadisch, in den tropischen und subtropischen Regionen Asiens und Afrikas häufiger vertreten; sowohl in bewaldeten Gebirgszonen als auch in trockenen, wenig bewachsenen Buschgeländen, aber auch (bevorzugt?) an trockenen Berghängen und in schluchtigem Terrain.

Im Fluge ähnelt er ein wenig dem Wespenbussard und dem Schlangenadler. Er stößt aus großer Höhe auf Beutetiere am Boden herab und verfolgt Flugwild ebenso vehement auch durchs Geäst wie der Habicht. Sein Beutespektrum ist sehr vielseitig: Von Drosseln über Enten, Fasane, Reiher und Trappen schlägt er Kleinsäuger bis zur Hasengröße. Bei einem Gewicht von 1.600 g (Terzel) und 2.500 g (Adler) sowie einer Spannweite bis zu 180 cm ist er bei entsprechender Einstellung der ideale Beizvogel auf Hasen.

Die Brutdauer wird mit 37 bis 40 Tagen angegeben; die Nestlingszeit beträgt zwei Monate.

Der

WÜSTENBUSSARD

oder Harris-Hawk (*Parabuteo unicinctus*) hat erst in den letzten 10 bis 15 Jahren in Deutschland als Beizvogel auf sich aufmerksam gemacht. In Amerika, Kanada und Großbritannien war und ist er jedoch ein sehr beliebter Beizvogel.

Mit einer Länge von 56 und einer Spannweite von 125 cm bei einem Gewicht von 1.200 g (Weib) fragt man sich, was man mit diesem, in den Wüstengebieten Nordamerikas, Mexikos und Südamerikas beheimateten Greifvogel eigentlich beizen kann, der in seiner Heimat überwiegend von Mäusen, Kaninchen, Eidechsen, kleineren Wildhühnern und Eichhörnchen lebt.

Der Harris-Hawk – und dies macht ihn als Beizvogel im dicht besiedelten deutschsprachigen Raum besonders interessant – ist ein äußerst ruhiger Greif mit sehr angenehmem Wesen. Sehr geschickt und wendig, dabei intelligent (Jagdverstand!), wird er abgetragen wie ein Habicht und zunehmend gerne auf Hasen, Kaninchen, Fasane und Lachmöwen besonders in der Nähe von bewohnten Gebieten geflogen. Er hat einen unglaublich harten Griff, den man diesem „Bussard" gar nicht zutraut und der sich auch nach Sperberart nur langsam und ungern lockert. Sein an das Quietschen einer alten Holztür erinnerndes Rufen und Lahnen ist wenig „adlig" und hält einige Falkner ab, sich diesen interessanten „Ausländer" aufzustellen.

Sich über sein ruhiges Wesen dahingehend zu äußern, daß der Harris-Hawk ein „Altherren-Beizvogel" sei, ist unfair und wird diesem ungewöhnlichen Beizvogel nicht gerecht.

Nicht ganz alltägliche Beizvögelbilder!

Links oben: Althabicht auf der Rundreck. Diese ideale Unterbringungsmöglichkeit ist nur für Vögel gedacht, die daran gewöhnt sind und den „Aufschwung" sicher beherrschen.
Rechts oben: Harris-Hawk.
Links unten: Sendeantenne, angebracht am Staart eines Althabichts.
Rechts unten: Verkappter Rothabichtterzel (Fotos: Verfasser).

Die einzige Methode, Greifvögel nach längerer Gefangenhaltung oder nach Aufzucht in Gefangenschaft dem Freileben zurückzugeben, besteht darin, sie nach allen Regeln der alten Falknerkunst „abzutragen": das heißt, sie darauf zu dressieren, nach jedem Fluge auf die behandschuhte Faust des Falkners zurückzukehren, „beizureiten", wie der Fachausdruck lautet, der offenbar von alten Rittern geprägt wurde, die zu Pferde die Beizjagd ausübten. Nur durch das Abtragen wird es möglich, dem Vogel Gelegenheit zu geben, durch Übung und Training wieder in gute Verfassung zu kommen und gegebenenfalls fehlende Erfahrung zu erwerben. Auch das Gefieder, das durch Käfighaltung beschädigt wurde, kann durch die bei den Falknern übliche Methode seinen ursprünglichen Zustand bei der nächsten Mauser wiedergewinnen: Man hält den Vogel an den Füßen gefesselt, muß ihm aber täglich längere Übungsflüge gestatten.

Konrad Lorenz, im Vorwort zu Francis Hamerstrom, „Mein Adler kreist zum Himmel", Hannover 1973

Das Abtragen

Der Erwerb eines Beizvogels

Gesetzt den Fall, Sie, lieber Leser, wären zu dem Entschluß gelangt, die Beizjagd ausüben zu wollen, Sie somit Falkner werden möchten: Abgesehen von den gesetzlichen Bestimmungen, die Rechtsgrundlagen die Falknerei betreffend, zu denen ich im nachfolgenden näher eingehen werde, erscheinen mir vorab einige grundlegende Überlegungen und Betrachtungen notwendig.

Bevor man überhaupt an die Anschaffung eines Vogels denkt und die Tortur eines Vorbereitungskurses auf die Falknerprüfung über sich ergehen läßt, sollte selbstkritisch geprüft werden, ob man selbst, die Familie, das berufliche Umfeld und die Lebensplanung allgemein die Aufstellung eines Vogels zulassen. Steht erst einmal ein Beizvogel im Garten auf dem Sprenkel, ist es für Überlegungen, wie Atzungsbeschaffung, tägliches Flugtraining, Begehungsschein, Revierpachtung, wohin mit dem Vogel im Urlaub, was tun bei beruflich bedingtem Wohnungswechsel etc., zu spät.

Auch die Entscheidung, ob man körperlich, charakterlich und mental als Falkner geeignet ist, muß jeder für sich – möglichst ehrlich – treffen. Als übergewichtiger, kurzatmiger Jäger kann man mit den Geländewagen bis unter die beheizte Schlafkanzel fahren und dennoch kapitales Hochwild erlegen; als Falkner, egal, ob mit einem Habicht, Falken oder Adler auf der Faust, ist strammes Marschieren abseits der Wege und sind nicht selten Sprints und Spurts über mehrere hundert Meter über nasse Sturzäcker angesagt. Allein das stundenlange (Ab-)Tragen des Vogels erfordert eine gute Kondition.

Hinzukommen sollten Geduld und Ausdauer (einen Vogel kann man nicht „strafend" erziehen), eiserne Disziplin und Willensstärke (Flugtraining frühmorgens, bevor man zur Arbeit geht), Naturverständnis und Beobachtungsgabe (man jagt, lebt und arbeitet mit einem „wilden Tier" auf Wildtiere), Toleranz und Selbstvertrauen (Beiz ist keine Trophäenjagd; als Lohn der oft langen und mühseligen Arbeit winkt kein kapitales Geweih an der Wand). Alle Angeber, an Selbstüberschätzung krankende Paradiesvögel, hektische Choleriker, naturentfremdete Phantasten ebenso wie grobschlächtige Tierquäler werden als Falkner versagen!

Man muß sich darüber im klaren sein, daß ein Wildtier Einzug hält, das man nicht zähmen, nicht domestizieren will. Es sollte gerade so vertraut – locke – sein, daß ein tierisch-menschliches Miteinander, ein partnerschaftliches Jagen möglich wird. Hier ist – und dies muß ganz klar erkannt werden – biologisches Wissen genauso gefragt wie Phantasie und Einfühlungsvermögen. All das zusammen ergibt das, was wir Jäger häufig mit Jagdinstinkt und Jagdverstand (beides kann man nicht kaufen oder

lernen, allenfalls wecken, festigen oder verfeinern) umschreiben: Der gute Jäger (und Falkner) weiß, wo der Hase sitzt, in welche Richtung er flüchtet; er ahnt, wo und wie der Fuchs den Bau verläßt, und er versteht, weshalb der Falke so und nicht anders anjagt.

Es gibt Jagdscheininhaber, die fahren, laufen, marschieren, stampfen, grölen durch den Wald mit nur einem Ziel: die ersehnte Kanzel zu erreichen. Dann erst beginnt bei ihnen das, was sie Jagd nennen. Der wahre Jäger – gleichgültig, ob Indianer, Buschmann, neuzeitlicher Rehbockjäger oder Falkner – durchstreift die Natur, als wäre er ein Teil von ihr, er sieht, hört, fühlt, atmet mit dem Ziel, Beute zu machen – nicht unbedingt, aber immerhin.

Dem zukünftigen Falkner muß klar sein, daß dem Wohlergehen des ihm anvertrauten Wildtieres alles andere unterzuordnen ist.

Uns als Falknern wird vom Gesetzgeber ein außergewöhnliches Geschöpf – Stichwort: Naturdenkmal Wanderfalke – anvertraut mit dem Recht, damit auf andere Tiere zu jagen. So außergewöhnlich das Wildtier Greifvogel, so außergewöhnlich ist dieses übertragene Recht. Hieraus Vorrechte, gar Privilegien ableiten zu wollen, wäre gänzlich falsch. Ein guter Falkner fühlt als Dank für dieses Recht nur – Verpflichtung!

Die erste und wichtigste Vorbedingung ist eine bestandene Jäger- *und* Falknerprüfung, denn beide wieder sind Voraussetzungen für die Erlangung des Falknerjagdscheines. Und beide – Jäger- wie Falknerprüfung – absolviert man nicht so einfach im Vorübergehen, sondern man erlernt die praktischen Fertigkeiten und theoretischen Kenntnisse in der Regel während eines Vorbereitungskurses auf eben diese Prüfungen. Er dauert im Schnitt ein Dreivierteljahr. Inklusive Prüfungen benötigt der zukünftige Falkner somit mindestens zwei Jahre zur Erlangung des ersten Falknerjagdscheines. Meistens (und sinnvollerweise) dauert es noch länger, denn üblicherweise sollte man sich vorab einem erfahrenen Falkner anschließen und bei ihm im Verlauf eines oder mehrerer Jahre die Falknerei praktisch erlernen. Dann bleibt für die Theorie in einem Kurs immer noch genug zu studieren.

Hat man nun endlich den Falknerschein in der Tasche, folgt als nächste Überlegung, welchen Beizvogel man sich anschaffen möchte, denn davon hängen die erst vorzubereitenden Unterbringungsmöglichkeiten ab.

Die Frage, welchen Beizvogel man aufzustellen gedenkt, sollte, genau wie bei der Anschaffung eines Jagdhundes, weniger von Gefühlen und Neigungen denn von rationellen Erwägungen geprägt sein. Die vorhandenen (oder zu schaffenden) *Revier-* und *Jagdverhältnisse* sowie die Unterbringungsmöglichkeiten allein sollten den Ausschlag geben.

Nennt man ein waldreiches Mittelgebirgsrevier sein eigen, kommt allein der Habicht in Betracht; hat man ein großzügiges Begehungsrecht in einem Feldrevier, kann man die Anschaffung eines Falken in Erwägung ziehen; bei entsprechendem Hasenbesatz kommt auch ein Adler in Frage.

Hinsichtlich Revier und Unterbringung ist der Habicht eigentlich der problemloseste Vogel, da man mit ihm von der Faust oder aus der Freien Folge Hasen, Kaninchen, Fasane und, aus dem Auto heraus, sogar Krähen beizen kann. Ein ideales „Habichtsrevier" ist leicht kuppiert, buschig, struppig; Feldgehölze, Hecken, Knicks mit wenig Straßen und möglichst ohne größere Wasserläufe sollten vorhanden sein. Jagt man überwiegend Kaninchen, empfiehlt sich die Anschaffung eines Frettchens, doch auch ein guter, spurlauter Buschierhund leistet gute Dienste.

Erlauben die Revier- und Jagdverhältnisse (Jagd auf Fasane, Rebhühner, Möwen, Krähen, Elstern) einen Falken, muß schon jetzt entschieden werden, ob Faust- oder Anwartefalk, denn ohne guten Vorstehhund erübrigt sich die Anwartejagd. Hat man sich für einen Faustfalken entschieden, muß man mit langen, revierübergreifenden Jagden und Wegen rechnen.

Die Aufstellung eines Steinadlers erfordert neben der Möglichkeit des Jagens auf Hasen (und Füchse) „starke Männer", denn einen 5 kg schweren Adler stundenlang über Sturzäcker „zu schleppen", ist nicht jedermanns Sache. Auch sollte man berücksichtigen, daß ein Adler „drei Hunde überlebt", er also „eine Anschaffung fürs Leben" ist.

Die Falknerei – und somit der Erwerb eines Greifs, der einmal Beizvogel werden soll – spielt sich nicht im recht- oder gesetzlosen Raum ab; sie ist vielmehr eingebunden in das Jagd- und Naturschutzrecht und berührt das Tierschutzgesetz ebenso wie naturschutzrechtliche Artenschutzvorschriften.

Das Bundesverfassungsgericht hat in einer Entscheidung vom 5.11.1980 die Beizjagd als eine Form des Grundrechts auf freie Entfaltung der Persönlichkeit bestätigt.

Kompliziert und teilweise schwer nachvollziehbar sind die Rechtsgrundlagen rund um die Falknerei deshalb, weil der Falkner mit „der Waffe Beizvogel" jagt, der andererseits gleichfalls jagdbares Wild (z.B. Habicht) und/oder „unter Naturschutz stehend" (z.B. Wanderfalke) ist.

Einen Beizvogel kann man durch *Aushorstung* erwerben. Hierunter versteht man die Entnahme des Nest- oder Ästlings aus dem Horst. In Deutschland dürfen zur Ausübung der Beizjagd nur *Habichte* ausgehorstet werden. Die rechtlichen Voraussetzungen sind:

- Aushorstgenehmigung der zuständigen Jagdbehörde;
- schriftliche Aushorstgenehmigung des Jagdausübungsberechtigten;
- der Aushorstende muß im Besitz eines gültigen Jagd-/Falknerscheins sein, da das Aushorsten eine Form der Jagdausübung darstellt.

Ferner kann man einen Habicht durch *Fang* erwerben, sofern man eine Fanggenehmigung der zuständigen Jagdbehörde erhält.

Ankauf und *Einfuhr* gewinnen, hervorgerufen durch die Zuchterfolge fast aller

Das Abtragen

Greifvogelarten, zunehmend an Bedeutung. Der Erwerber eines gezüchteten Beizvogels hat sicherzustellen, daß die erforderliche *CITES-Bescheinigung** mit der Vermarktungsfreigabe der zuständigen Naturschutzbehörde ausgehändigt wird. Die Nummer des Ringes (Kennzeichnungspflicht) am Vogel muß mit der Nummer in der *CITES-Bescheinigung* übereinstimmen.

Jeder Falkner, der die Anschaffung eines Beizvogels in Erwägung zieht, muß sich – schon zur Vorbereitung auf die Falknerprüfung – mit allen einschlägigen Gesetzen und Vorschriften (nebst Abweichungen und Ausnahmen der einzelnen Bundesländer) eingehend vertraut machen. Zur Vorbereitung auf die Falknerprüfung und somit auch zur Kenntnisnahme der gesetzlichen Grundlagen empfehle ich die weiterführende Literatur, wie aus Anhang 3 (insbesondere Quellen 2 und 23) ersichtlich, da dieses Buch kein Fachbuch zur Vorbereitung auf die Falknerprüfung sein kann und will.

Beschäftigt man sich mit dem Thema „Erwerb eines Beizvogels", soll und darf ein Gebiet (meist ist es ein Problem) nicht ausgeklammert werden: Das Lahnen bzw. die Prägung auf den Menschen. Praktisch alle Nestlinge, gleichgültig, ob ausgehorstet oder gezüchtet, lahnen, wenn sie von Falknerhand aufgezogen werden. Dies ist – beobachtet man wilde Greifvögel in der Natur – auch ganz selbstverständlich, denn in der Bettelflugperiode machen sie so ihre Eltern auf sich aufmerksam und äußern ihren „Hunger". Sobald sie selbständig zu jagen beginnen, hören sie zu betteln und zu lahnen auf (diese Erkenntnis ist wichtig!).

Für den jungen Habichtsnestling, der das Ästlingsalter hinter sich hat, ist die Bettelflugperiode eine ganz normale Entwicklungsphase, und genau in ihr taucht der Mensch statt des Elterntieres auf und versorgt ihn (recht bequem) mit Futter. Also lahnt er, und für alle, die noch nie ein Lahnen gehört haben, sei vermerkt, daß es sich hierbei um ein durchdringendes, nervtötendes, kreischendes Geschrei handelt, das einen nicht ganz wesensfesten Mitteleuropäer an den Rand des Wahnsinns treiben kann. Stadtfalkner haben sich aufgrund dieses Geschreis schon von der Falknerei abgewandt, Ehen wurden geschieden, Umzüge getätigt, Kündigungen ausgesprochen und „Tiermorde" verübt – immerhin leben wir in einem Land, in dem Gerichte den Hähnen die Zeiten zum Krähen und den Fröschen jene zum Quaken vorschreiben.

Entgegen allen gutgemeinten Ratschlägen von Fachleuten behaupte ich, daß weder eine Umstellung noch Sichtblende, noch Konditionsänderung, noch „versteckte" (verdeckte) Futterreichung Abhilfe schaffen. Im Gegenteil: Sichtblende, also (in letz-

---

* Die seit dem 1. Juni 1997 geltende EU-Artenschutzverordnung Nr. 338/97 und die dazu erlassene Durchführungsverordnung Nr. 938/97 regeln die Kennzeichnungspflicht. Insbesondere § 36 der Durchführungsverordnung regelt die Kennzeichnung gezüchteter Greifvögel. Von einem Wegfall der Kennzeichnungspflicht, wie sie das ZDF in seinem Magazin vom 1.7.1997 „Achtung! Lebende Tiere" kundtat, kann keine Rede sein.

ter Konsequenz) Isolationshaltung, ist erstens nicht artgerecht und somit Tierquälerei, und zweitens schafft man sich so einen Verhaltenskrüppel auf andere Art, denn zumindest Habichte quittieren diese Haltung mit verstärkter Nervosität, Scheue oder Aggression. Greifvögel benötigen besonders in diesem Alter eine Möglichkeit, ihre Umgebung zu beobachten. Eine Umstellung zu einem anderen Falkner schafft nur kurzfristig Abhilfe. Meines Erachtens hört das Lahnen (manchmal schlagartig, manchmal mit Verzögerung) auf, wenn der Vogel jagt – und dies entspricht seinem natürlichen Verhalten. Und nach der ersten Mauser läßt das Lahnen in der Regel ohnehin nach.

Eine andere erfolgversprechende Methode ist die, den Vogel (auch an der Langfessel, der Fluganlage oder an der verlängerten Langfessel) zu beschäftigen, ihm also stundenweise „Ersatzjagden" insofern zu bieten, als man (auch fremde Personen, z.B. Familienangehörige) von versteckter Position aus kleine Atzungsstücke, wie Hasenkeulen, Mäuse, Hühnerköpfe, tote Vögel usw., an einer Schnur zieht und zupft und ihn „jagen" und letztlich „schlagen" läßt. Je länger er sich mit einem „kalten Flügel" (z.B. einem Hühnerkopf) beschäftigt, um so besser. Kontrolle der Atzungsmenge sowie Beobachtung des Auswerfens des Gewölles sind zur Einstellung der Kondition weiterhin wichtig und unverzichtbar.

Eine weitere Möglichkeit, das Lahnen zu vermindern oder erst gar nicht aufkommen zu lassen, ist der Erwerb eines Wildfanges bzw. der Wildflug eines Nestlings.

Gerade beim Habicht wird die Möglichkeit des Fangens (was ja erlaubt ist) meines Erachtens noch nicht genügend genutzt. Wenn man z.B. einen Habichtshorst und eine Aushorstgenehmigung hat, müßte es ebenfalls problemlos möglich sein, einen der Junghabichte am Ende der Bettelflugperiode zu fangen. Nicht erwünschte Fänge, z.B. Terzel, wenn man einen Habicht möchte, könnte man unter Aufsicht der Naturschutzbehörde beringen, wieder freilassen und so lange weiterfangen, bis man „seinen Wunschkandidaten im Netz" hat. Dies hätte neben dem Vorteil eines natürlichen „Wildfluges" und Vermeidung des lästigen Lahnens den weiteren Vorteil, daß beringte Habichte eine aussagekräftige Beobachtung der Populationsdynamik zulassen. Ferner bringt ein Wildfang ein ganz anderes Flugverhalten mit.

Selbstverständlich lahnen Falken- und Adlernestlinge ebenfalls, doch scheint mir diese lästige Begleitmusik bei den Habichten besonders nervtötend, wenngleich anfliegende, beireitende lahnende Steinadler keinen schönen Anblick bieten. Nicht von ungefähr sind „Lahner" von alters her verpönt, belegen und beweisen sie doch, daß der Falkner beim Abtragen etwas falsch gemacht hat. Nur: Man hat dies in der alten Literatur nicht so deutlich gesagt, und Begriffe wie „Prägung" und „Verhaltensstörung" gab es noch nicht.

Manche Vögel, die nur fliegen und nie jagen gelernt haben (z.B. auf manchen Falkenhöfen), zeigen ihr Leben lang ein bestimmtes juveniles Verhalten und lahnen. Vergleichbare Verhaltensstörungen können wir bei Caniden, also unseren Hunden,

denen man ihre angestammte Aufgabe vorenthält, ebenfalls beobachten. Weitergehende vergleichende Verhaltensstudien bis hin zum Menschen erspare ich mir – und Ihnen, lieber Leser!

Die Gesamtthematik Lahnen, Prägung, Fehlprägung usw. ist meines Erachtens noch nicht erschöpfend untersucht. Hier liegt noch ein weites Feld hinsichtlich Möglichkeiten, Alternativen und Optionen brach. Ziel der Falknerei kann eigentlich nur sein, jenen Grad an Vertraut-(Locke-)sein zu erreichen, der erforderlich ist, um mit abgetragenen Greifvögeln eine problemlose Beize zu ermöglichen. Alle Fehlprägungen, wie Futterprägung, Menschprägung, Geschwisterprägung, sollten verhindert bzw. minimiert werden. Ein bißchen von der Neugier, dem Forscherdrang und der Experimentierfreude eines Kaisers Friedrich II. täte der deutschen Falknerei hier bestimmt gut.

Doch bevor ein neuer – oder der erste – Beizvogel Einzug hält und Vorbereitungen sowohl für seine Unterbringung als auch Haltung zu treffen sind, ist die Armatur zu erstellen, zu beschaffen bzw. zu vervollkommnen.

Unterbringung, Haltung

Wie und wo ein Falkner seinen Beizvogel hält und unterbringt, ist nicht intuitiv (wie etwa bei einer Hauskatze) oder individuell zu entscheiden, sondern hat im Einklang mit der Tierschutzgesetzgebung, einer artgerechten Tierhaltung allgemein sowie alter, bewährter falknerischer Tradition im besonderen zu erfolgen.

Viele Falkner – vor allem Falkenbesitzer – unterscheiden Unterbringung und Haltung einmal während der Jagdsaison und während der Mauser. Andere Falkner (und Autoren) richten sich nach beweglichen und „unbeweglichen" Haltungs- und Unterbringungsmethoden.

Neben diversen „Entfaltungsmöglichkeiten", wie Garten, Haus, Hof, Mauserhaus, Falkenkammer etc., ist es entscheidend, eine für den Vogel optimale Standortwahl zu treffen. Tagsüber sollte jeder Beizvogel so gehalten werden, daß er weder gefährdet ist (durch Katzen, Raubwild, Hunde usw.) noch andere gefährdet (z.B. Kleinkinder, kleinere Hunde) und ferner selbst die Wahl hat zwischen Sonne, Schatten oder Halbschatten. Stundenlang pralle Sonne ist genauso schädlich wie andauernder Regen, Zugluft oder Störung durch Fremde. Ein Beizvogel fühlt sich wohl, wenn er – wie in Freiheit auch – von Umwelteinflüssen (wie Straßenlärm, Motorengeräuschen, fremden Personen) abgeschirmt, gegen Witterungsunbilden geschützt, der Natur jedoch ausgesetzt ist und freie Beobachtungsmöglichkeiten hat. Unterbringung in einem durch dichte Hecken abgeschirmten Garten, im Halbschatten eines großen Baumes, auf kurz geschorenem Rasen, wahlweise auf einem Block (oder Sprenkel, je nach Art des Vogels) im Freien oder im Schutz einer Hütte ist schon fast optimal.

Was den *Habicht* betrifft, neigen immer mehr Falkner zur ganzjährigen Haltung im Freien, in einer (nachts verschließbaren) Spitzhütte samt Flugdrahtanlage und *Sprenkel* oder Habichtsbogen auf dem Rasen.

Alle *Adler* und *Falken* stehen auf einem ihrer Größe angepaßten *Block*. Die Adler, besonders der Steinadler, mit einfachem Wetterschutz ganzjährig im Freien, die Falken während der Jagdzeit tagsüber im Freien, ebenfalls vor einer Schutzhütte, nachts werden sie gerne in die Falkenkammer oder ins verschließbare Mauserhaus geholt.

Falkenkammer und *Reckzimmer* (für den Habicht) sind in der Regel abdunkelbare Räume mit Aufblockmöglichkeit für den oder die entsprechenden Beizvögel. Im

Bilder umseitig:
Der Falkenknoten ist eine geniale Anbindungsform (Langfessel an Block, Jule oder Sprenkel), da er mit einer Hand (auf der Linken ruht ja der Beizvogel) geknotet und gelöst werden kann. Hier Demonstration mit einer Kunststoff-Langfessel (Fotos: Verfasser).

Reckzimmer steht der abgetragene, locke Habicht auf der Hohen Reck, angebunden mittels Geschüh, Kurz- und Langfessel und mit Reckknoten (siehe Abb. S. 83); er kann sich, falls er einmal abspringt, am Recktuch wieder hochhangeln. Ein Vogel darf erst dann unbeaufsichtigt auf die Hohe Reck, wenn sichergestellt ist, daß er den „Aufschwung" völlig beherrscht. Scheue Vögel gewöhnt man durch Abdunkeln an die Reck; die – einzige – Lichtquelle muß immer parallel zur Reck angebracht sein, damit das „Stangenreiten" und Verbinzen der Pennen vermieden wird.

Das *Mauserhaus* (oder die Mauserkammer) dient zum Abstellen der Vögel während der Mauser. Es ist ein nach einer Seite mit Gitterstäben gesicherter offener Raum mit Dachöffnung, in dem die Vögel frei, also unangebunden, die Monate der Mauser verbringen. Im Gegensatz zum Mauserhaus, aus dem die Greifvögel zwecks Erhaltung der Vertrautheit herausschauen können, ist die *Zuchtvoliere* ein nach allen Seiten geschlossener und nur nach oben teilweise offener Raum, in dem sie ungestört dem Brut- und Aufzuchtgeschäft nachgehen können.

Gerätschaften

Dem auf dem *Block* oder *Sprenkel* im Freien stehenden Beizvogel sollte immer eine im Boden versenkbare Brente zur Möglichkeit des Badens angeboten werden, was besonders Falken liebend gerne tun und fast täglich praktizieren.

Eine geeignete *Transportkiste* (für das Auto) ist im Zeitalter der Mobilität heute für jeden Falkner obligatorisch. Individuelle Anfertigungen (sowohl für den Vogel als auch den Wagentyp) lassen der Phantasie freien Lauf. Eine *Cage* (für mehrere verkappte Falken, eventuell im Auto als „offene Transportmöglichkeit" verwendbar), ferner eine *Rundreck* oder *Mini-Rundreck* (für das Zimmer) und eine „falknerisch angepaßte" *Digital-Waage* können den „Gerätepark" des modernen Falkners erheblich vergrößern. Die Rundreck (auch Waller-Reck) stellt eine erhebliche Verbesserung gegenüber der Hohen Reck dar, da sich die Vögel hier weniger verbinzen und je nach Bedarf umstellen können.

Bilder umseitig:
Fortsetzung des Falknerknotens: Besonders bei noch „frischem", etwas zähem Leder empfiehlt sich ein Sicherungsknoten zum Falknerknoten (Fotos: Verfasser).

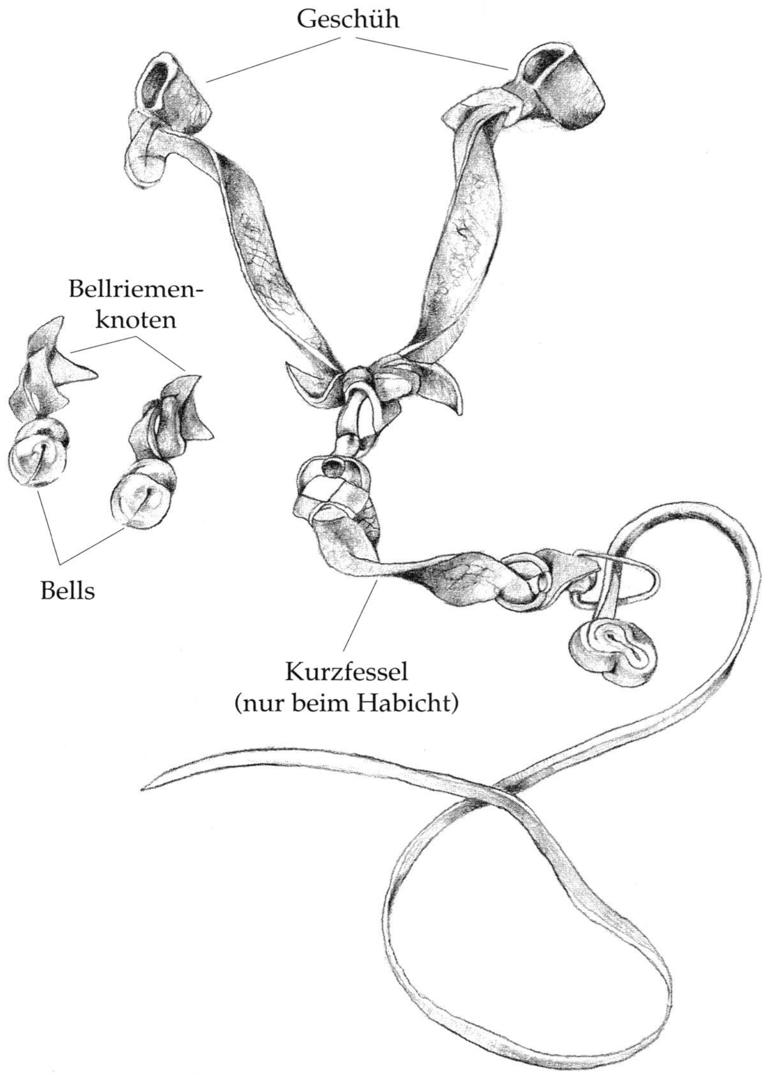

Aufschirrung

Geschüh

Bellriemen-
knoten

Bells

Kurzfessel
(nur beim Habicht)

Beizvogelaufschirrung
(Zeichnung: Steffen Meier)

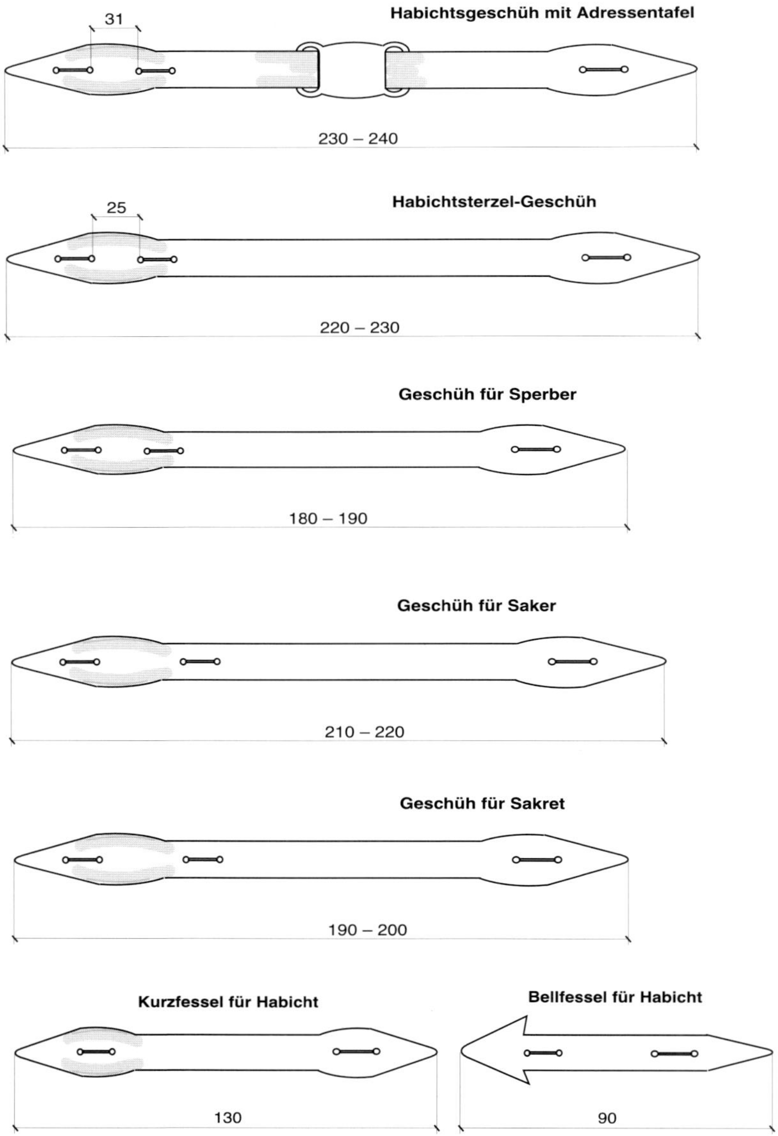

Das Abtragen

Habichtsgeschüh mit Adressentafel
31
230 – 240

Habichtsterzel-Geschüh
25
220 – 230

Geschüh für Sperber
180 – 190

Geschüh für Saker
210 – 220

Geschüh für Sakret
190 – 200

Kurzfessel für Habicht
130

Bellfessel für Habicht
90

Ein Teil der Armatur (Geschüh und seine Maße) der Beizvögel (Zeichnung: Nach einem Entwurf von Friedrich-Wilhelm Ehlerding.)

Armatur

Das Anlegen der verschiedenen Fesseln mittels der entsprechenden Knoten entnehmen Sie bitte den Abbildungen S. 80/81. Diese Knoten und Fesseln sind – fast – so alt wie die Falknerei selbst, wurden und werden jedoch immer wieder neuen Gegebenheiten und individuellen Anforderungen gemäß angepaßt und (teilweise) verbessert.

Zur Jagd wird der Beizvogel wie folgt „aufgeschirrt": *Geschüh* (bleibt immer am Vogel), *Drahle* (wird vor dem Jagdgang entfernt, so daß beide Geschühriemen frei sind), *Langfessel* (wenn Drahle entfernt, wird das Geschüh mittels durchgezogener Langfessel gesichert), *Bells, Adreßtafel* (und Sender, bei Bedarf). Nur Adler und Falken werden verkappt; davon später mehr.

Das Aylmeri- oder Ösengeschüh hat den Vorteil (deshalb in den USA Pflicht), daß die Vögel auf der Jagd nur mit der Öse, nicht aber mit Geschüh fliegen; dies wiederum hat den Nachteil, daß sie sich schlechter festhalten und auch nicht so schnell werfen lassen. Deshalb wird dieses Geschüh überwiegend bei Anwartefalken (aber auch gerne bei Sperbern) verwendet, da man sich beim Werfen viel mehr Zeit lassen kann als beim Faustvogel.

Die Telemetrieanlage ist in der Falknerei eine gänzlich neue Entwicklung und hat sich insbesondere bei den Falken durchgesetzt. Der kleine Sender wird entweder an einem Fuß oder am Staart kurz vor dem Fliegen befestigt; er ist eine wertvolle Hilfe zum Wiederauffinden verstoßener Vögel. Doch auch hier gibt es Praktiker (z.B. Breidenstein-Trommer),[2] die vor Instinktverlust und mangelnder Erfahrung beim Wiederauffinden verstoßener Greife und zuviel Technikgläubigkeit warnen.

Das Abtragen

Die Jagdausrüstung

des Falkners besteht aus Falknerhandschuh, Falknertasche, Falknermesser sowie Balg oder Federspiel. Ferner hat er dabei: Atzung für den Vogel, eventuell ein kleines, handliches Fernglas und natürlich Hund oder Frettchen.

Der *Falknerhandschuh* sollte so weich sein, daß der Falkner noch Gefühl in der Hand hat, aber wiederum so fest, daß ihn der Vogel (besonders Habicht und Adler) nicht verletzen kann.

Die gute alte *Falknertasche* wird heutzutage bei manchem Falkner durch den Rucksack abgelöst. Dieser gewährt dem Falkner zwar mehr Tragekomfort, doch geht dies zu Lasten der Zweckmäßigkeit, denn mit der Tasche wird einerseits die Beute verdeckt, um den Beizvogel vom Wild aufzunehmen, andererseits kann man sich allein mit dem Vogel auf der Faust nicht auch noch den Rucksack umwerfen. Beides, Falknertasche und leichter Rucksack (in dem man bei Bedarf und anläßlich einer Jagdpause das erlegte Wild verstauen kann), macht Sinn und kombiniert Zweckmäßigkeit mit Tragekomfort.

Das klassische *Falknermesser* – ich meine hier das „Falknersheil" von Puma oder ein vergleichbares stilettähnliches Messer – ist eine ideale Spezialanfertigung und dient mit seiner schlanken und nur etwa 4 cm scharfen Schneide (der Rest ist stumpf, damit sich der Vogel nicht verletzen kann) nur zum Abfangen (Abnicken) des Beutewildes „unter dem Vogel". Für alle anderen Arbeiten, wie Auswerfen, Ausweiden, Abbalgen, hat der erfahrene Falkner ein zweites Jagdmesser dabei.

Balg (eine Beuteattrappe des Haarwildes) und *Federspiel* – beide dienen auf der Jagd nicht dem Training, sondern dem Einholen des Beizvogels – sind in Größe und Gewicht dem Beizvogel, nach Art der Attrappe der zu erjagenden Wildart anzupassen und herzurichten.

Da heute (Stichwort Mobilität, ich sagte es schon) besonders bei Gesellschaftsjagden ins Revier gefahren und nur noch selten gelaufen wird, empfiehlt sich die Mitnahme eines sogenannten leichten Feldsprenkels, auf den man in einer Pause den Vogel kurzfristig abstellen kann. Und noch etwas ist in fremden Revieren, besonders bei der Suche nach verstoßenen Vögeln, wichtig: Ein mobiles Telefon, sofern man zuvor mit der Jagdleitung einige wichtige Nummern gespeichert hat.

Je nach Geschick des Falkners sind einige der Gerätschaften und Hilfsmittel selbst anzufertigen, man kann aber auch fast alles im Handel (siehe Anzeigenteil der Jagdzeitschriften) käuflich erwerben. Doch kann ich jedem Falkner nur empfehlen, beim Kauf besonders der Fesseln und Drahlen kritisch, ja mißtrauisch zu sein. Bei der Erarbeitung dieses Buches ließ ich mir, um auf dem neuesten Stand zu sein, ein komplettes Geschirr schicken und war erschrocken, welch mindere – gefährliche – Qualität das Leder hatte und wie lieblos die Ausführung war. Schlimm! Lasches, schlap-

pes Leder, dünn und dehnbar wie Gummi, und die Kurzfessel viel (!) zu lang. (Sie heißt nicht Kurzfessel, weil sie etwas kürzer als die Langfessel ist, sondern weil sie aufgrund ihrer Kürze – maximal 10 cm im unverknoteten Zustand – beide Drahlen verbindet und somit den Entwirbelungseffekt erhöhen soll.)

Besonders die Behältnisse für die Beizvögel zum Transport im Auto werden im Eigenbau und, wie man auf Falknertagungen sehen kann, mit sehr viel Phantasie und Liebe zum Detail gefertigt. Die Gesundheit und das Wohlergehen des Vogels haben Vorrang vor allem.

Alle „Anbindungsriemen" in der Falknerei heißen Fesseln (auch das Geschüh, das ja auch Wurffessel heißt, weil der Beizvogel es während des Werfens – Fliegens – anbehält), obwohl keinem Falkner das Wort „fesseln" über die Lippen kommt. Er bindet an, bindet, legt an usw. Weshalb also Fesseln? Jemanden – auch ein Tier – zu fesseln, stellt die höchste und schärfste Form der Einschränkung dar. Es gibt keine schärfere Form der Bewegungseinschränkung (Fesselung), als ein Wildtier, einen wilden Vogel, an „die Leine zu legen", auch wenn diese mehrere Meter lang ist. Und dennoch binden wir wunderbarerweise einen Beizvogel erst richtig an uns, wenn wir die Fesseln lösen, ihn abtragen zum Freiflug, zum Freien Folgen.

Bilder umseitig:
Oben: Prunkhaube nach Friedrich-Wilhelm Ehlerding.
Unten: Armatur des Falkners: Tasche, Falknermesser, Handschuh, Federspiel, Haube (Fotos: Verfasser).

Das Abtragen am Beispiel des Habichts

Als Nestling mit über drei Wochen wurde er als letzter des Horstes – die Horstgeschwister zogen sich schon flatternd bis an den gegenseitigen Horstrand zurück – entnommen. Staart- und Schwungpennen waren schon halblang, die bläulich-blassen Federkiele noch überall zu sehen, die Dunen standen wie kleine Antennen in alle Richtungen und verliehen dem Habichtwinzling ein putziges Aussehen.

Ein Bekannter hatte einen Kunsthorst gebaut und versorgte und behütete den Neuzugang im kleinen „Falkenhof" mitten in der Stadt. Dreimal täglich bekam er frische Atzung von Taube, Kanin, Maus, Meerschwein, Rind und Huhn und gedieh prächtig.

Als alle Pennen vollständig geschoben waren und er schon richtig aussah wie ein vollständiges Rothabichtsweib – nur am Scheitel stand noch alles voller kleiner weißer „Antennen" –, als seine Flug- und Flatterversuche beängstigende Formen annahmen – da haben wir ihn uns zu zweit vorsichtig geschnappt. Ich habe ihn mir, an den Fängen fassend, behutsam rücklings auf den Schoß gelegt, den Kopf mit einem dunklen Tuch verdeckt, und der Freund hat fachmännisch Geschüh, Bells und Kurzfessel angelegt. Dann habe ich die Langfessel durch- und mir einen Falknerhandschuh angezogen und ihn dann vorsichtig schwungvoll das erste Mal auf die Faust gestellt, was aber nur für einen kurzen Augenblick gelang, denn er sprang sofort ab. Da die Aufregung ohnehin gegenwärtig, packte ich ihn in einen Karton und fuhr zu mir nach Hause, wo bereits ein neuer Unterstand (ein Vorläufer der heute üblichen Spitzhütten), ein nagelneuer Sprenkel und eine Brente mit frischem Wasser standen. Dann hielt er Einzug, und alles sah irgendwie ganz normal aus.

Die nächsten drei Tage ließ ich meinen Habicht vollkommen in Ruhe, ließ ihm Zeit und Muße, sich einzugewöhnen, nur zum Atzen näherte ich mich vorsichtig.

Freilich sprang er des öfteren ab, zog und zerrte an seinen Fesseln, doch dann stand er auch stundenlang ruhig auf seinem Sprenkel und beobachtete aufmerksam seine neue Umgebung: den Garten, die Obstbäume, den Bach.

Die nächsten Tage verbrachte ich damit, stundenlang langsam auf ihn zuzugehen, ihn zu umkreisen, in Schleifen und Achtern mich ihm langsam zu nähern und wieder zu entfernen.

Dann legte ich ihm ein Stück Rinderherz in „appetitliche" Nähe auf den Handschuh in der Hoffnung, er möge sofort nach meinem Zurückgehen darauf zu atzen beginnen. Es passierte überhaupt nichts. Mal beobachtete er den Fleischbrocken beidäugig von oben, mal einäugig mit verdrehtem Hals, mal schien es, als bereitete es ihm Vergnügen, ihn demonstrativ zu ignorieren. Nur um mich zu ärgern.

Plötzlich und unerwartet flatterte er vom Sprenkel, hüpfte auf den Handschuh zu, langte sich das Fleisch und begann genau 180 Grad entgegengesetzt auf voller Lang-

Das Abtragen

Rothabicht – noch nicht abgetragen – auf dem Sprenkel; man beachte das Dunengefieder auf dem Scheitel. Haltung und Ausdruck verraten gespannte Reserviertheit und natürliches Mißtrauen, nicht aber Unterwürfigkeit oder Trägheit. Dies sind Vögel, aus denen später einmal gute Beizhabichte werden.
(Foto: Verfasser, mit der alten Vorkriegskamera auf 6x7 Perutz-Platte.)

Althabicht, dritter Flug, auf dem Sprenkel (Foto: Verfasser).

fessellänge am Rinderherz zu kröpfen. *Ich muß ihn auf die Faust bekommen*, sinnierte ich, *nur dann kann ich ihn tragen, nur dann wird er locke...*

Morgens bekam er nichts (ich fütterte zu dieser Zeit zweimal täglich unterschiedliche Mengen), und am späten Nachmittag näherte ich mich ihm mit vorgehaltener Faust und Atzung. Er sprang nicht ab, breitete nur ängstlich die Schwingen. Ich bemühte mich, ihm nicht in die Augen zu schauen, ließ meine Blicke über seine star-

ken Fänge, die spitzen, schwarzen Dolche gleiten, sezierte zum hundertsten Mal millimeterweise das Rinderherz, hielt es hoch, direkt vor seinen Schnabel, senkte es ab, direkt vor seine Fänge – doch nichts tat sich.

In regelmäßigen Abständen schlief mir den Arm ein, krampfte sich in unbequemer Hockhaltung der Oberschenkel, stand ich auf, ging ein Stück fort, kam zurück (schätzte in Gedanken den Vorteil einer Hohen Reck ein, auf der ja der Beizvogel in Augenhöhe steht), hockte mich hin und wartete, wartete und kam zu dem Schluß, ein äußerst stures Exemplar derer von Hauke erworben zu haben.

Als ich ihm, innerlich ungeduldig, äußerlich die Ruhe selbst und nur mit ganz gemächlichen Bewegungen, zum wiederholten Male das Fleisch ein wenig unter die Oberschnabelspitze zu hängen versuchte, kam er ein wenig aus dem Gleichgewicht und schlug mit einem Fang ins Fleisch. Ganz vorsichtig ließ ich die Faust runter und zog ein wenig. So ging es wohl ein paar Minuten sachte hin und her, bis er mit dem zweiten Fang auch auf den Handschuh übertrat und vor Überraschung die Schwingen stellte. Äußerst mißtrauisch begann er dann, mich immer wieder mit verrenktem „Stingel" möglichst „von ferne" zu beäugen. Doch Bissen für Bissen zerrte und zupfte er ab und schluckte. Ich hatte noch nicht gewonnen – doch ein Stück war ich ihm nähergekommen.

Die nächsten Tage das gleiche Spiel, doch trat er in immer kürzeren Abständen auf die fleischbestückte Faust. Nun ging ich dazu über, ihn während des Atzens behutsam im Garten umherzutragen. Freilich wollte er von Zeit zu Zeit mit dem Fleisch abspringen, doch dieses hielt ich bombenfest. Eines schönen späten Sommerabends gab ich ihm etwas weniger zu atzen, und als er fertig war, spazierte ich mit meinem Habicht auf der Faust gemütlich durch die Feldmark und, mangels eines Gesprächspartners, rezitierte ich halblaut Annette von Droste-Hülshoffs *Die Vergeltung* – nicht, weil ich es passend fand, sondern weil ich diese Ballade damals eben gerade gut beherrschte. Am Bach blieb ich stehen, vor den Weideküchen verweilte ich, setzte mich auf eine Bank und spann ihn mit einer Feder ab. *Der Kapitän steht an der Spiere, das Fernrohr in gebräunter Hand, dem schwarzgelockten Passagiere hat er den Rücken zugewandt...*

Die Spaziergänge wurden immer länger, der Zeitpunkt des Abtragens immer früher verlegt, so daß ich ihn zunehmend in den Tagesstunden an Hunde, Pferde, Kühe, Trecker, Autos, Kinder und überhaupt an alles gewöhnen konnte. Immer häufiger bat ich jemanden, mich zu begleiten und, rechts von mir gehend, den Vogel so auch an fremde Personen und Stimmen zu gewöhnen.

Mittels Reduzierung der Atzungsmenge und Darreichung von gewässertem Fleisch senkte ich die Kondition langsam ab (heute würde ich sagen: minus 10%, doch damals hatte ich keine Waage) und begann, erst auf Meterweite, dann bis an die drei Meter mit Beireiteübungen im Garten. Von Anfang an knallte der Habicht auf die Faust und versuchte, das Fleischstückchen zu entreißen. Ich mußte es, feucht

und glitschig, wie es war, immer auf dem Handschuh festbinden. Irgendwo zwischen drei und acht Meter schien eine magische Grenze zu sein, die er sich nicht zu überwinden traute. Diese Nacht trug ich ihn über drei Stunden in der Hoffnung, so die Kondition nochmals geringfügig abzusenken, ohne weniger Atzung zu geben. *Wie lange so? – er weiß es nimmer, dann trifft ein Strahl des Auges Ball, und langsam schwimmt er mit der Trümmer auf ödem glitzerndem Kristall...*

Beireiteübung am nächsten Morgen: Drei Meter stehe ich vor dem Habicht (Langfessel „verlängert" mit Lockschnur), Fleisch auf der Faust und locke mittels Pfiffs. Als er zum Beireiten startet, laufe ich langsam los. Diese Übungen wiederholte ich einige Male – und kam ihm wieder ein wenig näher.

An einem der nächsten Morgen suche ich eine mir vom Tragen bekannte kurz gemähte Wiese auf und will es bis auf 40 Meter probieren. Als Lockbissen oder kaltem Flügel, ganz wie man will, habe ich Hühnerköpfe dabei. Schon auf dem Weg zur Wiese wirkt mein Habicht heute irgendwie „jagdbereit": Leicht gesträubtes Nackengefieder, und als ich einmal zur Probe „mauspfeife", knetet und grimmt er mit hartem Griff.

Ich stelle den Vogel an der Lockschnur auf eine ihm vom Tragen bekannte Umzäunungslatte (sofort dreht er sich in meine Richtung und wird ganz schlank), entferne mich ca. 30 Meter, pfeife – er kommt! In mir Glücksgefühl.

Noch ein Versuch: Im Fortgehen startet er schon durch und schlägt hart auf die Faust. Abermals stelle ich den Vogel auf die Brüstung, halte Faust und Hühnerkopf versteckt, gehe 20, gehe 30 Meter, erreiche 40 Meter – und schon kommt er an.

Jetzt will ich's wissen. Schlank, absprungbereit, aggressiv steht der Rote auf der Brüstung. Langsam, rückwärts gehend entferne ich mich, weiter, noch weiter, drehe mich um, pfeife, der (blöde) Hühnerkopf fällt mir runter, ich bücke mich – und sehe Sterne.

Ungebremst sind mir 1.100 g klauenbewehrte 100–Stundenkilometer-Habichtsaggressivität ins Gesicht geknallt. Ich schweiße wie am Spieß. So nah hätte er mir nun nicht kommen müssen.

Verletzungsbedingt pausiere ich einige Tage mit den Beireiteübungen, baue den Vogel wieder auf, trage ihn weiterhin oft und lange und bereite mich innerlich auf den ersten Freiflug vor. *Und immer näher schwankt's heran, und immer näher treibt die*

Links oben: Noch „roher" Rothabicht auf dem Sprenkel. Typisch die teils ängstliche, teils unsichere Haltung des noch nicht abgetragenen Beizvogels (Foto: Verfasser).
Rechts oben: Habichtterzel im Altersgefieder (7. Flug); der aufmerksame Blick und die gespannte Körperhaltung verraten dem Kundigen die Jagdkondition (Foto: Verfasser).
Unten: Althabicht mantelt über seiner Beute (Foto: Mihály Bodnár).

Das Abtragen

Trümmer, wie ein verwehtes Möwennest; „Courage!" ruft der kranke Schwimmer, „mich dünkt, ich sehe Land im West!"

Vor dem Waldrand mache ich erst, hasenfüßig, wie ich nun mal bin, noch einmal einen Versuch auf 40 Meter mit der Lockschnur. Auf halber Strecke des Anfluges bleibt diese an einem Hindernis hängen, und der bereitewillige Habicht schlägt auf den Acker. Genau das, was nicht passieren sollte!

Ich befreie ihn von Lang- und Kurzfessel, entferne die Drahle vom Geschüh, gehe nun doch recht selbstbewußt Richtung Waldrand, stelle den Vogel einfach auf einen niedrigen Buchenast und entferne mich aufs Feld. Bei 50 Metern bleibe ich stehen, locke, pfeife – er kommt, reitet bei, knallt auf die Faust. Bekommt seinen Lohn in Form eines Bissens und – im Gegensatz zu traditioneller Gepflogenheit nicht erst auf der ersten Beute – seinen Namen!

Noch zwei Versuche auf etwas weitere Entfernung, dann soll's für heute genug sein. Ich bin zufrieden und trage „Frigga" nach Hause, die vor lauter vollem Kropf ihren schönen Kopf in den Nacken legen muß.

Die nächsten Tage lasse ich von einem Helfer den Hasenbalg (mit Atzung in Kopfnähe) ziehen und werfe meinen Habicht auf diese Attrappe, die er, da er dies vom Garten ja schon kennt, problemlos schlägt. Ich will ja einen Hasenhabicht.

Große Mühe gebe ich mir – und hier machen unerfahrene Falkner leicht Fehler – beim Abnehmen vom Balg, denn dies sollte so geschickt und gewitzt vor sich gehen, daß der Vogel den „Betrug" des Überganges (Übertrittes) von der geschlagenen „Beute" auf die Faust vor lauter Atzung nicht bemerkt.

Anhaltend schlechtes Wetter in den nächsten Wochen verbietet die Arbeit am Hasenbalg, da hierdurch sofort das noch weiche Jugendgefieder durchnäßt wird. Um dennoch meinem Habicht nahe zu sein, krabbele ich zu ihm in den Unterstand, streichle seine Fänge, spinne ihn ab, in Regenpausen trage ich ihn durchs Revier.

Berufsbedingt verlagerte sich die Arbeit mit dem Habicht mehr und mehr aufs Wochenende, da die Tage immer kürzer wurden. Und ähnlich diesem Arbeitsrhythmus gestaltete ich die Kondition: Zum Wochenende hin etwas tiefer, sonntagabends vollen Kropf. Ich bin der Meinung, daß dieses leichte Auf und Ab in der Kondition dem Vogel nicht schadet (außer in der Mauser), eher etwas Natürliches ist, denn in Freiheit schlägt und atzt ein Vogel mal mehr, mal weniger, ist aber versucht, eine gleichbleibend „wohltuende" Jagdkondition zu halten.

Um das Flugtraining weiter zu verbessern, begann ich mit dem Ausbildungsabschnitt Freies Folgen. Beginnend an einer Obstbaumallee (das ist etwas, was es heute nicht, und wenn, allenfalls im Osten unseres Landes noch gibt) ließ ich ihn frei, lockte und zog kurz vor Erreichen der Faust diese einfach fort, was ihn sofort veranlaßte, den nächsten Baum anzufliegen. Um ihn für den Erfolg zu belohnen, gab es zwischendurch immer einige kleine Bissen Rinderherz. Dauerte ihm die gesamte Prozedur zu lange – oder war die Kondition nicht angemessen –, suchte er keinen

Baum auf, sondern drehte eine Runde oder steilte auf und kam auf mich zugeschossen, ob die Faust nun oben war oder nicht. Auf diese Art bekam ich mehrere Schmisse mit.

Mit etwas höherer Kondition machte dem Vogel – und mir – dieses „ungezügelte" Folgen ungemeines Vergnügen, zumal ich nun, egal, bei welchem Wetter, besonders gerne bei starkem Wind, ja Sturm, diese Freie Folgen in den Wald verlegte. Vom Flugvermögen meines Habichts war ich begeistert und glaube, daß es dem eines Wildhabichts nicht viel nachstand. Ungewollt geschlagen hat er bei diesen ersten Folgen einen Igel, eine kranke Krähe, einen Schwarzspecht und eine Ratte, aber auch scharf einen Rehbock angejagt und gekämmt.

Es folgten aber auch, hervorgerufen durch „euphorisch bedingte hohe Kondition" (vielleicht ist „Lehrgeld" der bessere Ausdruck) Nackenschläge mittlerer Qualität. Eines Tages jagte Frigga „blau", die Bellen verklangen im Hochwald. Pfeifen, Rufen, Balgziehen – nichts. Suche in die Richtung des letzten Bellenklanges, doch da sich dies alles unter Wind abspielte, befürchtete ich weite Flüge in eben diese Richtung. In immer größeren Kreisen erreichte ich den Kamm des nächsten Berges (längst jenseits der Reviergrenze) und glaubte, kurz Bellenklang gehört zu haben. Immer weiter und weiter zog er mich – oder die Einbildung? – Richtung übernächstem Ort in ich weiß nicht welches Revier. Schon in der Dämmerung, deprimiert, wütend und enttäuscht, mehr zu meiner inneren Rechtfertigung denn aus Hoffnung, schleppte, zog und ruckelte ich den schon unansehnlichen Balg durch den Wald. Ein Pfeifen aus heiterem Himmel, ein Wischer, ein Gebimmel, und „Frigga" stand auf ihm. Freude und Vorwürfe hielten einander die Waage.

Durch finsteren Wald stapft ein müder Falkner nach Hause, einen vollgekröpften Habicht auf der Faust. *Dann hat er kräftig sich geschwungen und schaukelt durch das öde Blau, er sieht das Land wie Dämmerungen enttauchen und zergehn im Grau. Noch lange ist er so geschwommen, umflattert von der Möwe Schrei, dann hat ein Schiff ihn aufgenommen, Viktoria! nun ist er frei...*

Kurz darauf beizte ich mit „Frigga" den ersten Feldhasen und, da ich dies zuvor mit dem Jagdpächter so abgesprochen hatte, durfte sie sich auf ihrer ersten Beizbeute aufatzen und ich den Feldbockelmann mit nach Hause nehmen.

Bis Ende Februar flog ich sie in ziemlich hoher Kondition mindestens zweimal die Woche jeweils wenigstens zwei Stunden lang. Zum Ende der Jagd- und Flugsaison hatten die Freien Folgen immer weniger den Charakter von Flugtraining, viel häufiger passierte es, daß mein Habicht hoch oben in der Baumkrone stand und den lieben Falkner einen netten Mann sein ließ. Doch auch dieser mangelnde Appell störte mich im Februar nicht, denn zu jagen gab es nichts mehr; ich hatte Zeit und Muße, und ich wollte meinem Vogel einfach ein paar schöne Stunden bereiten. Also saß ich irgendwo im Gebüsch, den Habicht im Blick, gelegentliches Bellengeläut im Ohr, und las oder meditierte oder träumte – und war meinem Beizhabicht nahe, obwohl

er hoch droben im Baum stand und sich immer häufiger bei schönem Wetter schweimend den Frühlingsgefühlen hingab.

Von März bis Anfang September stand „Frigga" in der Mauser, nicht im Mauserhaus, sondern im Garten vor ihrer Spitzhütte. Um sie weiterhin locke zu halten, trug ich sie auch während der Mauser hin und wieder. Bis auf einige Ausnahmen im Kleingefieder des Rückens hatte sie vollständig vermausert – und wurde erst jetzt das, was man sich unter einem richtig „schönen" Beizhabicht vorstellt.

Faustfalke

Ob Faust- oder Anwartefalke muß früh – ich sagte es schon –, also vor Erwerb eines Falken, entschieden werden. Eigentlich gibt es in unseren Revieren nur noch die Rabenkrähen und Möwen als Beizwild für den Faustfalken. Und – auch dies kann nicht oft genug wiederholt werden – die Krähen- und Möwenbeize erfordern mehrere Reviere und weite Wege.

Falken bekommt man heute nur vom Züchter; von Zuchtpaaren aufgezogene Nestlinge werden in der Regel gegenüber von Hand aufgezogenen bevorzugt, da man ihnen etwas mehr Robustheit und mehr Selbstvertrauen nachsagt und sie nicht lahnen.

Nachdem sie trocken, also voll befiedert sind, werden sie ähnlich aufgeschirrt wie junge Habichte, allerdings sollte man sie frühzeitig und mit viel Fingerspitzengefühl an die Haube gewöhnen. Viele Falkner stellen sich ihre Lieblinge die ersten Tage und Wochen mittels Mini-Reck ins Wohn- oder Arbeitszimmer und gewöhnen so den Jungvogel an den Menschen. Genau wie Habichte, werden sie langsam, Schritt für Schritt, an die Faust, an die Haube, ans Atzen auf der Faust, ans Abtragen gewöhnt.

Schnelle, hektische Bewegungen, laute Geräusche, stürmische Hunde und johlende Kinder sind anfangs zu vermeiden. Hat sich der Falke an all dies gewöhnt, wird er immer häufiger ohne Haube getragen, denn auch er muß sich an die Umwelt gewöhnen, also locke werden.

Auch wenn der Falke der Beizvogel des Federspiels ist, müssen eine gewisse Grundausbildung, ein Mindestmaß an Faustappell sein.

Schon frühzeitig, noch im Garten, später auf einer nahen Wiese erfolgt die Gewöhnung ans Federspiel. Hier bekommt der Falke seine Atzung, hier darf er sich aufkröpfen.

Neben dem Abtragen, dem Erreichen der Vertrautheit – dem Lockesein – muß es Ziel des Falkners sein, dem Beizfalken ein Höchstmaß an Flugtraining zu gewähren, da der Falke ja viel weitere und längere Jagdflüge absolviert als Habicht und Adler. Früher erreichten die Falkner dies, indem sie ihren Vögeln – überwiegend den Falken, aber auch Habichten (doch dies nur ausnahmsweise) – Wildflug gaben; d.h. nachdem die Tiere ein Minimum an Appell hatten, somit mit dem Federspiel wieder eingeholt werden konnten, gaben sie ihnen in sicherer Umgebung mehrere Wochen Wildflug, bis sie anfingen, selbständig zu jagen. So wurde (und wird) der Bettelflug der freifliegenden Falken ersetzt. Manche Falkner gewöhnen ihre Jungfalken an einen festen Atzplatz, an dem recht geschickt eine Art Fangeinrichtung vorbereitet ist, und geben ihnen so sehr früh Wildflug. Dies kommt dem natürlichen Bettelflug noch näher und hat den Vorteil, daß diese Vögel gut fliegen und nie lahnen. Voraussetzung ist, daß man entsprechend wohnt: einsame, abgelegene Gegend, wenig Ver-

„Mein Falke fliegt gegen 15 Uhr besonders gut..."

kehr und Störungen sowie die Möglichkeit, die Falken im Prinzip ständig zu beobachten. Doch wer kann dies heutzutage noch wo durchführen, und – vor allem – wer traut sich dies?

Nach dem Wildflug beginnt das eigentliche Abtragen und Einfliegen aufs neue. Daher muß der Falkner das Flugtraining mittels Federspiel durchführen.

Neuzeitliche Falkner bringen ihre Falken mittels Waage in Kondition, sie regulieren also auf Gramm und Prozent die Flug- und Jagdlust ihres Beizvogels. Häufig wird besonders von jungen Falknern hierbei übersehen und vergessen, daß insbesondere Falken auch an einen ganz individuellen „Biorhythmus" gebunden sind. „Mein Falke fliegt gegen 15 Uhr besonders gut..." ist nicht nur so dahingesagt oder Entschuldigung, wenn es einmal nicht so klappt, sondern bringt das Problem häufig auf den Punkt.

Doch nicht nur Waage (Gewicht) und Biorhythmus bestimmen beim Falken den Jagdflug. Beobachtet man intensiv Wildfalken, wie sie manchmal stundenlang zusammengekauert mehr „sitzen" als stehen und an jeglichem Beutewild total uninteressiert zu sein scheinen, wie sie dann jedoch, offensichtlich je nach Wetterlage und Sonnenstand, zunehmend aufleben, baden, sich strecken, putzen, eine ganz andere Figur bekommen, sich einfach „in den Wind werfen" aus lauter Lust am Fliegen, wie sie scheinbar spielerisch „irgend etwas" anjagen, nur so zum Spaß, und wie sie dann letztlich schnörkel- und gnadenlos zielgerichtet niederstoßen „wie von einer anderen Welt" – dann, ja dann dämmert es dem Falkner, daß es da noch etwas geben muß zwischen Waage, Gewicht und Tageszeit. Und dieses „Etwas", manchmal unbedeutend, manchmal erfolgsentscheidend, gilt es mit Beobachtungsgabe, Geduld, ja, ich möchte sagen: mit Instinkt, zumindest aber mit „Falknerverstand" zu erfassen, zu ermessen, denn dieses kleine „Etwas" macht den Unterschied zwischen Falkenträger und Falkner aus.

Sobald der Jungfalke das auf dem Boden liegende Federspiel auf zehn, zwanzig

Links oben: Das Verkappen (oder Verhauben) hat zum Ziel, den Falken (oder auch Adler) ruhigzustellen. Gerade die weitjagenden Falken würden unverkappt aufgeregt jedem weit entfernten Beutetier hinterherwollen.
Rechts oben: Bei behutsamer Gewöhnung „schlüpfen" manche Vögel fast „genüßlich" in die Haube.
Links unten: Erst eine der Kopfgröße und -form ideal angepaßte Haube gewährleistet optimalen Sitz und störungsfreies Tragen.
Rechts unten: Da der Falkner immer nur eine Hand frei hat, müssen die Zähne mithelfen, den Verschluß der Haube zuzuziehen. Jetzt steht der Falke ruhig, ob auf der Faust oder auf der Cage im Auto (Fotos: Verfasser).

Nur nicht überfordern!

Meter an der Lockschnur bindet (richtiger: beireitet), kann man behutsam mit dem Freiflug beginnen. Man stellt den Falken bei günstigem Wetter auf der Faust in den Wind, läßt ihn also über Wind von der Faust frei. Nach ein paar Metern Steigflug ruft man ihn an und wirft das Federspiel, welches er wahrscheinlich auch sofort am Boden schlägt. Dies kann man zwei-, dreimal wiederholen. Wichtig ist, daß man gerade den Falken (besonders Saker und Gerfalke) anfangs nicht überfordert. Hier ist beim Falkner viel mehr Einfühlungsvermögen gefordert als beim Habichtler.

Erst wenn der Falke sicher auf große Entfernung beireitet, wird das Federspiel geschwungen, so daß er, Durchgang gebend, mehrmals darauf zu stoßen gezwungen wird. Dies erst ist richtiges Flugtraining, doch auch hier ist Maßhalten oberstes Gebot. Die Zahl der Durchgänge wird von Mal zu Mal unter Berücksichtigung der Witterungsverhältnisse und Kondition des Vogels stetig, doch behutsam von anfangs zwei, drei bis später auf über fünfzig gesteigert.

Da der Falke sinnvollerweise das z.B. „schwarz gespickte" (wir wollen ihn ja auf Krähen fliegen) Federspiel nun ausgiebig kennt, es schon „gejagt" hat, geht man jetzt dazu über, ihm während des Trainings überraschend eine tote Krähe entgegenzuwerfen, die er meist auch sofort schlägt. Hier wird er aufgeatzt (Prägung!). Man kann, analog zum Habicht, diese tote Krähe auch von einem Helfer an einer Schnur ziehen und „fliegen" lassen, nur sollte der Helfer Falkner sein und ein Gespür für den Falken haben. Da der Faustfalke aus der Haube schnell, ohne sich vorher zu schütteln, an Wild geworfen werden muß, empfiehlt es sich, ihn an einen Aufmunterungspfiff oder Schnalzerl oder „Jagdruf" zu gewöhnen. So weiß er frühzeitig, noch unter der Haube, was ihn gleich erwartet, und wird so auf das Kommende vorbereitet.

Nun sollte als nächster Schritt die Jagd von der Faust auf eine möglichst leicht zu schlagende Krähe folgen (dies sagt sich so dahin!). Ideal wäre, sich mit dem verkappten Falken an eine junge – kranke oder durchnäßte – Krähe anzupirschen. Der Haubenverschluß wird gelockert, der Falke entkappt – Jagdruf! – und über Wind aus günstiger Entfernung geworfen. Anjagen wird er sofort; ob auch der erste Jagdflug Falknersheil bringt, ist meist fraglich. Auch hier gilt, den Falken nicht zu überfordern. Hat man Erfolg, muß sich der Falkner sputen, denn Krähen sind wehrhafte Tiere, die insbesondere dem jungen, unerfahrenen Falken schwere, manchmal irreparable Schäden zufügen können.

Oben: Zur Ermittlung – oder Bestätigung – der richtigen (Jagd-)Kondition verzichtet heutzutage kein Falkner mehr auf eine gute Digitalwaage.
Unten: Besonders die Anwartefalkner rüsten ihre wertvollen Waidgesellen gerne mit einem kleinen Sender aus. Der Peilempfänger leistet dann gute Dienste, wann immer der Falke sich verstoßen oder den Blicken des Falkners sonstwie entzogen hat (Fotos: Verfasser).

Das Abtragen

Wahrscheinlich spätestens jetzt wird der Falkner erkennen, daß die Krähenbeize weite Wege erfordert, denn die Krähen werden versuchen, vor dem Falken Höhe zu gewinnen. Dieser wiederum versucht, die Krähen zu übersteigen, um sie im Stoßflug anzujagen. Haben die schwarzen Gesellen erst einmal eine gewisse Höhe erreicht, und lassen sie sich unter Wind plötzlich fallen, um irgendwo in einem Feldgehölz einzutauchen, kann die Jagd sehr weit gehen.

Der Grundsatz beim Abtragen des Falken auf das entsprechende Beizwild lautet: Weniger ist manchmal mehr. Also den Vogel nicht an jede Krähe werfen, nicht an jeder Krähe einen Versuch wagen, sondern die ideale Situation (Krähe) erkennen und dann blitzschnell und sinnvoll handeln. Besonders im ersten Jahr „schielen" erfahrene Falkner nicht nach großen Strecken (die es ja ohnehin nicht gibt), sondern üben Verzicht, um ihren Falken systematisch aufzubauen, denn er muß das Jagen lernen, und er lernt durch Erfahrung. Nicht die Summe der Einzelflüge ist wichtig, sondern die der Erfolgserlebnisse! Dies baut ihn auf und läßt sein Selbstvertrauen wachsen. Von Jagderfolg zu Jagderfolg wird er immer besser, bis er schließlich zum Ende der ersten Jagdsaison (vielleicht auch erst im nächsten Flug), entsprechende Jagdmöglichkeiten vorausgesetzt, jener perfekte Flugwildjäger ist, der seinen wilden, frei fliegenden Verwandten kaum nachsteht.

Anwartefalke

Die Anwartefalknerei mit dem Wanderfalkenterzel auf Rebhühner ist für die meisten Falkner die Krönung, die Hohe Schule der Beizjagd überhaupt. Das harmonische Zusammenspiel von Falkner, Vorstehhund und Falken macht diese Art der Beizjagd so interessant, so spannend, so aufregend so, ja – so genußvoll.

Und dennoch beginnt diese Form der Beizjagd weder mit dem Falken noch mit dem Falkner, sondern mit dem Revier und einem brauchbaren Hund. Bevor man sich somit einen Falken anschafft, muß Jagdmöglichkeit in einem entsprechenden Niederwildrevier (Feldhühner!) sichergestellt sein, muß der Falkner bereits einen sicheren, absolut gehorsamen Vorstehhund sein eigen nennen. Also Hund vor Falke!

Die klassische Form der Anwartefalknerei ist die mit dem Wanderfalkenterzel auf Rebhühner, doch auch mit dem Wanderfalken auf Fasane, Enten oder gar Elstern läßt sich die Anwarterei ausüben. Auch wenn manche Falkner bunte Strecken lieben, so sind gute Anwartefalken immer Spezialisten. Dies ist auch der Grund, weshalb berühmte (und gut betuchte) Falkner mehrere Falken fliegen: für jede Wildart den entsprechenden Spezialisten.

Die Rasse der Vorstehhunde ist eigentlich nebensächlich, denn nur die Leistung in der Feldarbeit zählt. Gute, weiträumige und ausdauernde Suche, bombenfestes Vorstehen, absoluter Gehorsam, Leichtführigkeit (Unterordnung, keine Eifersüchteleien mit dem Falken!) sowie sicheres Verlorenbringen sollten einen brauchbaren Vogelhund auszeichnen. Ob Pointer, Kleiner (oder Großer) Münsterländer, Deutsch Kurz-, Lang- oder Drahthaar, Irish, Gordon oder English Setter, Bretone, Griffon oder Weimaraner ist schließlich Geschmacksache, allein auf die Feldfächer kommt es an.

Ich gebe zu, daß sich ein heller Hund (Epagneul Breton, Münsterländer oder Pointer) unter dem Falken besser macht, doch entscheidend ist dies nicht – aber die meisten Falkner legen eben auch Wert auf Ästhetik.

Nie werde ich dieses erste, unvergleichliche, prickelnd „prägende" Erlebnis der ersten wirklichen Begegnung mit einem Anwartefalken vergessen. Als Jungfalkner – mit ungefähr 14 Jahren – beizten wir in Norddeutschland, in der Nähe von Sande. Irgendwann am Nachmittag ließ der einzige, mir bis dahin unbekannte Falkner in unserer Runde seinen Wanderfalkenterzel steigen. Erst dachte ich, wo fliegt denn der hin, diese Richtung hat doch gar nichts mit der Jagd zu tun? In weiten Kreisen und Schleifen schraubte sich der Terzel höher und höher, und mir blieb fast das Herz stehen. Doch der Falkner blieb ganz ruhig, und der Kleine Münsterländer stand und stand.

„Heut' scheint eine ausgezeichnete Thermik zu sein...", erläuterte der Falkner, „wollt ihr mal was erleben?" Und der Falke stieg und stieg. Als ich ihn mit bloßem Auge nur noch als Punkt im Blau erkennen konnte, nahm ich mein achtfaches Glas

Das Abtragen

zur Hand und verfolgte dieses nun kleine, schwalbenähnliche Etwas. Und es ging noch höher. „Was meinst du, was der von dort oben alles sieht?" wurde ich gefragt und nahm das Glas ab. Dies war ein Fehler, denn auch mit Fernglas fand ich den Falkenpunkt nicht wieder. „Der sieht die Küste...", vernahm ich noch und konnte mir so etwas Ungewöhnliches, so etwas Außergewöhnliches überhaupt nicht richtig vorstellen. Ganz klein und mickrig kam ich mir plötzlich vor. *Die Küste sieht der von hier aus...*

Dann ging der Falkner auf den Hund zu, ließ ihn einspringen, eine Kette wurde hoch, doch ich schaute immer nur nach oben und sah – nichts. Erst als ich ein undefinierbares Pfeifen hörte, sah ich einen zu Boden stürzenden Kometen – den Terzel. Das Einschwingen auf die Hühner entzog sich meinen Blicken, keines wurde geschlagen. Den Falkner schien dies überhaupt nicht zu interessieren. Ihn begeisterte nur dieser unwahrscheinliche Steilstoß aus unglaublich großer Höhe. Mit offenem Mund und großen Augen stand ich wie unter Schock des eben Erlebten.

Drei Dinge blieben mir unvergeßlich und haben mich seit damals beschäftigt: Wie ist es überhaupt möglich, daß Menschen einem Vogel so etwas beibringen können? Was treibt einen Vogel, in so große Höhen vorzudringen, sich bei diesem Panorama von nichts ablenken zu lassen und dennoch wieder herunterzukommen auf die Faust, auf das Federspiel eines Falkners? Und schließlich: Weshalb schreiben so viele Autoren, daß der Falke „wie ein Pfeil, in Tropfenform herniederstößt"?

Die Form des herabstoßenden Falken ist die eines Tropfens, doch wirkt es nicht wie ein fallender Tropfen. Es sieht aus, es wirkt – ja, wie eine Sternschnuppe, wie ein Komet, wie ein Geschoß, unwirklich schnell. (Ein herabfallender Pfeil ist gegen den steilstoßenden Falken etwa so, als wollte man den Flug eines Speeres mit einer Gewehrkugel vergleichen.)

Heute wissen wir, weiß ich, wie man einen Anwartefalken abträgt, doch immer und immer wieder, wenn ich mit offenem Mund einem anwartenden Falken nachschaue, drängt sich mir die Frage auf, wie und bei welcher Gelegenheit der erste Mensch wohl auf die Idee kam, einen Falken zum Anwarten abzutragen! Einfach faszinierend.

Für die ersten „Anwarteübungen" (bewußt unter Anführungsstriche gesetzt, denn die ersten Übungen sind noch kein Anwarten, sondern die Vorbereitung dazu) suche man sich ganz bewußt eine offene Fläche mit möglichst fehlender Aufblockmöglichkeit, also ohne Bäume, Stromleitungen oder ähnliches in der Nähe. Ferner ist es ratsam, die ersten Übungen in den frühen Abend zu legen, weil dann – hoffentlich – keine Tauben mehr „unterwegs" sind. Den schon ans Federspiel und Ruf (oder Pfiff) gewöhnten Falken lassen wir nach dem Enthauben sich orientieren und dann langsam, nach eigenem Gutdünken, von der Faust. Einen Anwartefalken wirft man nicht, man läßt ihn abstreichen, man hält ihn in den Wind.

Unser Ziel ist vom ersten Tag an, dem Falken Höhe zu geben; deshalb ist es auch

– im Gegensatz zu den Faustvögeln – verkehrt, ihnen vorher etwas Atzung zu verabreichen oder ihnen das Federspiel zu zeigen. Schon hier beweist sich, daß der Anwartefalkner die besseren Nerven braucht!

Sobald der Falke – Höhe gewinnend – über den Falkner hinwegstreicht, wird das Federspiel flach in seine Flugrichtung geschleudert, so daß er es am Boden binden kann. Dann wird er aufgeatzt, aber nur soviel, daß er am nächsten Tag im gleichen Gelände wieder eingesetzt werden kann und dann (hoffentlich) schon den ersten Ring fliegt. So wiederholt sich diese Übung, indem der Falke von Tag zu Tag länger und höher fliegt. Auch hier gilt: Den Falken auf keinen Fall überfordern! Zunächst muß man sich eben mit geringen Höhen zufriedengeben. Wenn man dann irgendwann das Gefühl hat, daß der Falke ringholend über dem Falkner auf das Federspiel wartet, dann ist der Zeitpunkt gekommen, ihn an Wild, ihn an – nach Möglichkeit noch nicht voll beflogene – Rebhühner zu bringen.

Und auch hier, beim ersten wirklichen Beizversuch, sollten Idealbedingungen herrschen. Ganz wichtig: Der Hund muß die Hühner fest vorstehen. Denn nur dann ist es dem Falkner erstens möglich, den Falken gut zu positionieren (möglichst hinter die erhoffte Flucht- und Flugrichtung) und, zweitens, somit den optimalen Zeitpunkt des Herausstoßens zu bestimmen. Erreicht der Falke die Hühner beim ersten Versuch nicht, ist dies keine Tragödie, denn er hat zumindest begriffen, daß der Steilstoß die für ihn günstigste Angriffsposition ist. Dann heißt es für den Falkner eben auf ein neues unter möglichst gleich guten Vorzeichen. Schlägt der Falke gleich beim ersten Mal ein Huhn, läßt man ihn aufatzen und – dämpft den aufkommenden Optimismus. Auch ein Anwartefalke muß konsequent und geduldig aufgebaut werden. Denn nur dann läßt er sich in hoher Kondition fliegen, und nur mit dieser steigt er auch in große Höhen.

Sinngemäß arbeitet man Anwartefalken ähnlich auf Enten, Elstern und Fasane ein. Bei den Enten muß man das Wasser berücksichtigen, d.h. anfangs kleine Tümpel und Weiher bevorzugen; bei den Elstern braucht man in der Regel Helfer, die als „Treiber" fungieren, denn diese schlauen Rabenvögel verstehen es meisterlich, sich unter dem Falken zu drücken, ja sich geradezu zu verstecken; für die Fasanenbeize sollte man den weiblichen Falken bevorzugen, denn ausgewachsene Vögel bindet ein Terzel im späten Herbst nur selten, angeschlagene Hähne befreien sich am Boden, und der Verlorenbringer ist gefragt.

Das Höchste und Aufregendste in der europäischen Anwarterei muß jedoch die Beize auf schottische Moorschneehühner sein, dies geschieht jedoch unter etwas anderen Vorzeichen.

Das Abtragen

Der Adler als Beizvogel

Das erste Erlebnis mit einem Beizadler – einem Steinadlerterzel – war eine Enttäuschung. Der sonst so mächtig majestätische Adler „schaukelte" flach, mit den Schwingen den Boden berührend, hinter einem Feldhasen her. Ach, es sah so kläglich, so gar nicht majestätisch aus! Obwohl der Flug langsam wirkte, holte der Adler zügig auf, band den Hasen jedoch nicht. Nein – die Beizjagd mit dem Steinadler hatte ich mir ganz anders vorgestellt...

Später, auf verschiedenen Greifvogelwarten und Falkenhöfen, habe ich – besonders von hohen Burgtürmen aus – ganz andere Flüge von Adlern erlebt, und inzwischen weiß ich, daß die Beizjagd mit dem Adler durchaus ihre Reize haben, daß man mit ihm beachtliche Strecken erzielen kann; jedoch, ich gebe es zu, ein „Adleraner" werde ich nie. Dies liegt daran, daß ich vor diesen großen Greifen erheblichen Respekt habe und schon rein körperlich kein „Adlermann" bin.

Gleich beim ersten – noch kindlich unerfahrenen – Geschühanlegen packte ein Steinadler mein dünnes Ärmchen mit Hohlgriff. Es passierte nichts Ernstes, doch ich bekam einen (prägenden) Eindruck von der gewaltigen Kraft des Vogels; auf einem Falkenhof bekam ich einen Steinadler nur an einem Geschühriemen zu fassen, mit dem freien Fang attackierte er aggressiv meinen Oberarm und die Schulter und versuchte – so mein Eindruck –, mich im Gesicht zu erwischen; auf einer Gesellschaftsbeizjagd hatte ich wie aus heiterem Himmel plötzlich zusätzlich zu meinem Habicht auf der Faust einen Steinadler im Genick – und ging in die Knie; als Fotograf kam ich einem Adler auf dem frischgeschlagenen Hasen irgendwie zu nahe – er schlug mich mit einem Fang und hielt mit dem anderen den Hasen.

Genug davon! Fairerweise muß gesagt werden, daß ich mehr Schrammen und Macken vom Habicht abbekommen habe als von Adlern. Dennoch: Wer sich für einen Adler entscheidet, sollte wissen, worauf er sich einläßt.

Der Steinadler ist nicht nur ein schwerer, kräftiger Vogel; er verlangt neben entsprechender Statur auch einen sehr konsequenten und dennoch einfühlsamen Falkner, der bereit ist, sich auf Jahrzehnte nur diesem einen Vogel mit ganzem Herzen zu widmen. Und – bei der oft stoischen Ruhe, die diese Vögel ausstrahlen, wird dies gerne vergessen: Der Adler braucht, soll er schneidig und gut jagen, intensives und zeitaufwendiges Flugtraining.

Das Abtragen des Adlers erfolgt ähnlich dem des Habichts, mit dem Unterschied, daß der junge Adler – sofern er als Zucht-Nestling in die Hand des Falkners gelangt, was heute als normal angesehen werden kann – erst etwa Mitte August (oder noch später) trocken wird und aufgeschirrt werden kann. Ideal wären für diesen großen Vogel Wild- oder kontrollierter Freiflug, doch ist dies in unserem dichtbesiedelten Land (Kinder, Kleintiere etc.) nicht mehr verantwortbar.

Der aufgeschirrte Jungadler wird somit, genau wie der Habicht, an die Faust gewöhnt, doch erfordert dies in der Regel viel mehr Geduld als bei letzterem. Soll der Adler aus der Haube geflogen werden (was zu empfehlen ist), muß die Gewöhnung hieran schon sehr früh, also genau in diesem Stadium erfolgen, denn ein älterer Adler akzeptiert diese „Prozedur" meistens nicht so ohne weiteres. Ob Haube oder nicht, ist Geschmacksache, auf alle Fälle ist es für den Falkner eine große Hilfe, den Adler, falls gewünscht und erforderlich, ruhigzustellen. Auch das Tragen auf der Faust, genau wie das Aufschwingen (das beim Adler anfangs nie ohne Hilfestellung abgeht), erfordert viel mehr Zeit und Geduld als beim kleineren und wendigeren Habicht.

Da der Steinadler – im Gegensatz zum Habichtsadler – ein äußerst ruhiger, nervenstarker Vertreter seiner Art ist, bereitet die Kondition bei vielen, besonders adlerunerfahrenen Falknern Probleme, da sich diese, beispielsweise bei warmem Wetter, nur geringfügig ändert. Eine Waage leistet hier gute Dienste, doch sollte nicht verschwiegen werden, daß manche Adler in tiefer Kondition aggressiv reagieren.

Hat man nun mit viel Geduld den Jungadler soweit, daß er ruhig auf der Faust steht und man ihn tragen kann (was immer mit Atzung verbunden sein sollte), gewöhne man ihn an die Hand des Falkners, die Umwelt und besonders an den Vogelhund. Vorsicht und Einfühlungsvermögen sind geboten, wann immer man dem Adler Atzung wegnehmen will, was man in diesem Stadium des Abtragens tunlichst vermeiden sollte: Was der Adler auf der Faust hat, darf er auch atzen. Hier haben sich, und dies kommt nicht von ungefähr, die Eintagsküken bewährt.

Ist der Adler nun einigermaßen locke, fährt man mit dem Beireiten auf die Faust fort, was anfangs, bei den ersten „Sprung- und Flatterversuchen" vom Block auf die Faust, sehr lange dauert. Reitet er sicher auf fünf bis zehn Meter bei, kann man die Entfernung bedenkenlos vergrößern und auch schon mal von der Faust den sorgfältig präparierten Hasenbalg (mit hochstehenden Löffeln zwecks Kopfgriff!) schlagen lassen. Spätestens jetzt entdeckt man, daß der Adler im Regelfall nicht sehr weit fortstreicht, was weniger mit Lockesein zu tun hat als vielmehr im mangelnden Flugtraining begründet ist. Und dies ist der nächste Schwerpunkt.

Bei Wind und Wetter und möglichst an Berghängen mit kräftigen Hang- und Aufwinden verschaffen wir unserem Aar täglich jede Menge Luft unter die Schwingen. Es gibt keinen kläglicheren Anblick als einen fluguntüchtigen, nach Luft pumpenden Adler, der mangels Kondition (hier meine ich die körperliche, physische Verfassung) nicht mehr zum Beireiten in der Lage ist und von seinem Falkner regelrecht aufgelesen werden muß!

Um diesem großen Beizvogel auch Geschicklichkeit und Wendigkeit beizubringen, empfiehlt es sich, ihn von Zeit zu Zeit im Hochwald fliegen zu lassen. Schon nach kurzer Zeit wird man überrascht sein, welche Wendigkeit in ihm steckt, und er wird es mit manchem „im Busch" geschlagenen Kaninchen danken.

Bevor es an den ersten Hasen geht, ist freilich entsprechendes Balgtraining vonnö-

ten. Hier ist eine Person mit falknerischer Ausbildung (Renz Waller sprach immer von Hilfsfalknern) hilfreich, sei es, daß sie den Balg zieht und versucht, den Adler auszutricksen, oder sogar den Balg hinter dem Fahrrad oder Auto zieht, um den Vogel zu trainieren. Soll es dann endlich ernst werden, muß man sich im klaren sein – und dies mit dem Revierinhaber absprechen –, daß der Aar auf dem ersten Beutewild aufgeatzt wird.

Und hier sind wir bei der nächsten, diesem Vogel eigentümlichen Klippe: Sehr rasch sind Adler verprellt, ja geradezu „beleidigt", wenn man ihnen Beute oder auch nur Atzung fortnimmt. Hier sind, will man den Vogel nicht nachhaltig oder gar irreparabel verprellen, Phantasie und abermals Fingerspitzengefühl gefragt. Nicht wenige Falkner empfehlen, wenn immer dies möglich ist, den Adler im ersten Jahr auf jeder geschlagenen Beute aufzuatzen. Später kann man dann mit Geschick und möglichst großer Falknertasche versuchen, den Adler unterm Kröpfen die Faust mit Atzung darzureichen und den Hasen verschwinden zu lassen.

Steinadler sind wie keine andere Vögel Individualisten und obendrein spätreif (auch für die Jagd); somit sind alle Ratschläge und Hinweise mit Vorsicht und Vorbehalt zu genießen. Grundsätzlich falsch kann es dennoch nicht sein, sie zwar an Wild, aber nicht gleich im ersten Jahr auf Gesellschaftsbeizen einzusetzen. Der Adler muß lernen, sich an kräftiges Wild – und zu diesem gehört der Hase – unter allen Umständen und Witterungsbedingungen zu wagen. Er muß seine Taktik und Technik verfeinern und optimieren. Und auch das Zusammenspiel mit dem Falkner selbst bedarf der Abstimmung, besonders das richtige Werfen. All dies läßt sich unter den kritischen Augen und dem Erfolgsdruck einer Gesellschaftsbeize nur ungenügend lernen und vervollkommnen.

Wer langfristig Freude am Beizadler haben will, muß einen langen Atem haben. Alles an ihm ist auf Zeit, dann aber auf Dauer angelegt. Kurzfristige Erfolgserlebnisse sind meist Scheinerfolge. Geduld, Zurückhaltung, Beschränkung und auf keinen Fall Selbstüberschätzung zeichnen einen guten Beizjäger mit dem Adler aus.

Manche Falkner fliegen ihre Adler – statt von der Faust – von einer Krücke. Dies ist ein T-förmiges Gestell, welches mittels umgehängter Ledervorrichtung das Tragen des schweren Vogels erleichtert. Ich selbst habe dies für Flugvorführungen auf einem Falkenhof als sehr angenehm empfunden; für die Beizjagd jedoch kann ich es nicht empfehlen, da hierdurch der Kontakt, das Gefühl über den Handschuh verlorengeht.

Äußerst reizvoll muß es sein, wenn man die Bilder der kirgisischen Falkner anläßlich der Gazellen- oder gar Wolfsjagd betrachtet, mit dem Adler zu Pferd zur Beizjagd zu reiten. In Deutschland wird dies aufgrund der Besiedlung und Infrastruktur nur in Ausnahmefällen möglich sein. Eigentlich schade, denn vom Pferd aus hat der Falkner nicht nur einen besseren Überblick, sondern auch der Adler viel mehr Luft unter den Schwingen und somit alle Vorteile auf seiner Seite. Mit diesen Gedanken und Betrachtungen sind wir aber schon auf der Beizjagd.

Die Falken, Adler und Habichte zählen zu den scheuesten und wildesten Geschöpfen der Erde. Um so erstaunlicher ist es, daß der Mensch schon von alters her eine Kunst daraus entwickelt hat, die naturgegebenen Fähigkeiten dieser Vögel in seinen Dienst zu stellen und sie als Jagdgehilfen zu benutzen.

Theodor Mebs, „Greifvögel Europas", Stuttgart 1994

Die Beizjagd

Das Revier

Das Revier – besser: die Revier- und Jagdverhältnisse – sollte bestimmend sein, ob, und wenn ja, welcher Beizvogel angeschafft und geflogen wird. Selbstverständlich wäre es ideal, wenn der Falkner ein Revier sein eigen nennen könnte. Doch wer kann dies schon?

Meist läuft es darauf hinaus, daß sich der Falkner bei einem Jagdausübungsberechtigten um einen Begehungsschein bemüht. Dieses Klinkenputzen, dieses Anfragen um ein Begehungsrecht ist oft sehr mühsam. Hilfreich ist (wie könnte es anders sein?), wenn man sich bereit erklärt, sich an den Pachtkosten zu beteiligen bzw. seine Arbeitskraft für Revierarbeiten zur Verfügung zu stellen, denn im Revier gibt es immer etwas zu tun, und nicht wenige Revierinhaber schätzen willige Helfer oft mehr als zahlungskräftige, doch unwillige Helfer.

Habicht, Wanderfalke und Steinadler als Wildvögel besetzen (bevorzugen) ganz bestimmte Biotope, Lebensräume. Wir als Falkner sollten uns fragen, ob es ratsam ist, unsere Beizvögel einfach nach Gutdünken mal in dieses, mal in jenes Revier zu verfrachten und dann noch von ihnen jagdliche Höchstleistungen zu verlangen.

Der Wanderfalke, besonders der Faustfalke auf Krähen, braucht offene, weite Landschaft mit wenig Aufblockmöglichkeit für den Falken und möglichst wenig Deckung für die Krähen.

Der Steinadler als Beizvogel kann sich auf Hasen nur in offener Kulturlandschaft mit gutem Hasenbesatz entfalten. Im Wald, im buschigen Feld-Waldrand-Biotop ist er meist fehl am Platze.

Der Habicht, als Faustvogel oder aus der Freien Folge, paßt sich noch am ehesten jedem Gelände an, doch auch hier gibt es Unterschiede und einiges zu bedenken.

Sind Revierstruktur (Profil und Bewuchs) sowie vorkommendes (bejagbares) Beizwild entscheidend dafür, welcher Beizvogel zum Einsatz kommt (kommen kann), so hat der verantwortungsbewußte Falkner ferner die gesamte Infrastruktur des Reviers zu berücksichtigen und danach seinen „Jagdplan" auszurichten. Straßen, gar Autobahnen, die, um dem Beizvogel zu folgen, nicht überquert werden können, Wasserwege, Seen, zusammenhängende Waldgebiete und Berge, die gegebenenfalls weiträumig umfahren werden müssen, sind unter Umständen ganz entscheidende Kriterien für den langfristig planbaren Verlauf einer Beizjagd. Regen, Wind, Sturm, Nebel sind aktuelle Entscheidungsfaktoren, die „vor Ort" in Betracht kommen.

Da Beizjagd in heutiger Zeit nicht selten eine „Nischen-Jagd" ist, also dort stattfindet, wo der Einsatz der Waffe besser unterbleiben sollte oder gar verboten ist, z.B. auf Friedhöfen, Flugplätzen oder in Industrieanlagen und Stadtparks, befindet sich

der Falkner häufig in einer Konfliktsituation. Einesteils verbietet sich der Einsatz des Vogels im Stadtgebiet, andererseits möchte man jede nur mögliche Jagdgelegenheit zum Wohl seines Beizvogels wahrnehmen. Diese Entscheidungen kann dem Falkner niemand abnehmen, sie sind ganz individuell (auch, und im wesentlichen, auf den Vogel, seine Kondition und den Grad seines Lockeseins) zu treffen.

Es gibt nicht wenige Falkner, die mit einer gewissen „Kompromißlösung" jahre- und jahrzehntelang gute Beizjagdergebnisse erzielen, ohne eine Gelegenheit dazu „vor der Tür" zu haben. Sie haben die Genehmigung, ihren Vogel in einem Revier in der Nähe ihres Heimatortes zu trainieren und ihn zu fliegen; zur eigentlichen Jagd fahren sie jedoch Hunderte von Kilometern oder gar nur zweimal im Jahr in einen regelrechten Beizjagdurlaub nach Spanien, Schottland oder Ungarn.

Das richtige – beglückende – Zusammenspiel von Falkner, Vogel, Hund und Frettchen entwickelt sich jedoch nur, wenn man quasi den Vogel täglich „vor der Tür" fliegen lassen und mit ihm jagen kann. Doch wer lebt und jagt schon ganz ohne Kompromiß?

Auch ich hatte die letzten Jahre mit meinem Habicht berufsbedingt unter diesen Kompromißbedingungen „zu leiden" und mußte zur Jagd weite Strecken zurücklegen. Und da sich nicht ganz ausschließen läßt, daß der Beizvogel während des Trainings hin und wieder einmal irgend etwas schlägt – dies ist nun mal das Typische an der Arbeit mit dem freifliegenden Vogel –, sind sowohl der Falkner als auch der großzügige Revierinhaber gefordert. Der Falkner muß ehrlich und aufrichtig zu den „Schandtaten" seines Vogels stehen und dafür die Verantwortung übernehmen; der Revierinhaber muß sich in Großmut üben und versuchen, die Beizjagdeigentümlichkeiten tolerant hinzunehmen.

Was auf keinen Fall hingenommen und geduldet werden darf (und hier sind die Falknerverbände gefordert), ist, daß die Beizvögel nur noch aus Lust am Umgang mit ihnen geflogen werden, ohne sie jemals jagdlich einzusetzen. Dies hat mit Jagd nichts zu tun, steht im Widerspruch zum ethischen Anspruch der seriösen Falknerei und degradiert den Beizvogel zum lebenden Gartenzwerg!

Ein Beizvogel, der nur zum Beireiten ausgebildet ist, der nie gelernt hat, zu jagen, wird, so er sich einmal verstößt, verhungern!

Der Vogelhund

Im Abschnitt „Anwartefalke" bin ich schon kurz auf die Vogelhunde eingegangen. Nun könnte der Eindruck entstehen, daß nur für die Anwartefalknerei ein guter Hund – ein Vorstehhund – vonnöten ist und der Habichtler oder der Beizjäger mit dem Steinadler auf den helfenden Vierläufer verzichten könne, ja daß der Hund bei letzteren nur schmückendes, modisches Beiwerk wäre. Dies, ich betone es ausdrücklich, ist falsch!

Tatsache ist, daß die Anwartefalknerei ohne Vorstehhund gar nicht möglich wäre. Der Falkner mit dem Steinadler kann durchaus ohne Hund über die Felder stolpern und sich die Hasen selbst suchen; er kann, wenn vor ihm überraschend ein Meister Lampe aus der Sasse fährt, seinen Adler rasch enthauben und ihn dem Flüchtenden „nachwerfen" in der Hoffnung, daß Wind, Position, Entfernung und Gelände schon irgendwie „stimmig" sind. Er kann aber auch – und dies erhöht die Chancen ungemein – den guten Vorstehhund vor dem Adler suchen lassen und, wenn dieser einen Krummen vorsteht, den Adler in aller Ruhe enthauben. Er kann eine für den Adler günstige Position (vielleicht auf einem kleinen Hügel oder sogar auf einer natürlichen Warte) einnehmen, er kann seinen befiederten Waidgesellen gar akustisch auf das Kommende vorbereiten und dann, wenn alles „paßt", den Hund einspringen – und sofort „down" machen – lassen. Dies ist doch wohl etwas ganz anderes als die Stolperei ins Blaue hinein. Und auf jeden Fall stilvoller.

Wenn einmal – was auch beim Adler nicht auszuschließen ist (und wir wollen ja in allem ehrlich und aufrichtig sein) – ein Hase angeschlagen, also nicht gebunden wird, er also krank das Weite sucht, dann hat der waidgerechte Falkner seinen Verlorenbringer zur Hand, der den Davonkröpelnden schnell von seinen Leiden erlöst und dann „stolz" (wir sehen es gerne so) apportiert. Dies sind Bilder, bei denen sich das Herz eines echten Jägers und Falkners öffnet.

Jahrelang habe ich den Habicht ohne Hund geflogen – und darunter gelitten. Es ging einfach nicht: Beruf, Wohnung, Familie, ja und auch Zeit ganz allgemein (obwohl letzteres gerne als Entschuldigung herhalten muß). Immer habe ich neidvoll zu jenen geäugt, die einen Althabicht auf der Faust und einen Kleinen Münsterländer, einen Bretonen, Weimaraner, Griffon oder Pointer an ihrer rechten Seite hatten.

Anders als bei Adler und Falke, benötigt der Habichtler nicht sosehr den bombenfesten Vorstehhund, sondern eher den leichtführigen, gehorsamen Buschierer und Stöberer. Im kupierten Gelände, in Heide, Bruch, Strauch, Strupp und Dickicht soll der unter dem Vogel buschierende Hund den Fasan zum Aufstehen, den Hasen zum Springen und das Kanin zur blitzartigen, hakenschlagenden Hoppelflucht bringen. Der Rüdemann und die kynologische Fachfrau werden es schon ahnen: Beim Jagen mit dem Habicht geht es schon mal etwas robuster zu als in der Anwarterei.

Und hierzu muß auch der Hund, das „Windspiel" (auch „Beizwind"), seinen Beitrag leisten. Im dichten, dornigen Verhau nützt es dem Falkner und dem Vogel wenig, wenn der Hund vorsteht und durch Haltung, Nase und Konzentration dem Herrn andeutet: „Sieh doch, hier liegt er..." Nein, hier sind Eigeninitiative, Wesensstärke, Härte, Finde- und Beutewillen gefragt. Hier muß der sonst im Feld mit weiträumiger Suche Brillierende sich nicht nur per Hand, Ruf oder Pfiff führen und leiten lassen – also buschieren –, hier muß er auch schon mal „im Dunkeln" Jagdverstand vor Abrichtegehorsam entwickeln und stöbern – sofern er es kann.

Und spätestens jetzt muß ich eine Lanze für den Stöberhund brechen. Ich meine nicht den Feldhund, der auch hin und wieder „stöbert" (meistens buschiert er ja nur...), sondern ich meine den echten, den spurlauten Spezialisten. Denn nur der ist ein echter Stöberspezialist, der auch den anlagenbedingten Spurlaut mitbringt (diese meine Meinung wird nicht von allen Kynologen geteilt – sei's drum). Spurlaut – Stöbern – Beizjagd: paßt denn das zusammen?

Und wie! Sieht man sich die Beizjagdbilder alter Meister an und läßt sich nicht nur von den herrlichen Falken und Kostümen blenden, so fällt auf, daß fast nie ein Vorstehhund – oder etwas Ähnliches –, sondern nur Brackenartige zu sehen sind; jene Hunde also, deren Blut heute noch in den Rassen Wachtel, Spaniel, Bracke, Teckel und Schweißhund pulst und tobt. Der Vorstehhund kam erst mit Einführung der Feuerwaffen – da war die Beizjagd längst in den Jahren.

Beim Jagen mit dem Habicht im ihm angepaßten (unübersichtlichen) Gelände und in der ihn auszeichnenden Jagdart (der Freien Folge) gibt es keinen prädestinierteren Hund als den spurlauten Stöberer.

Man ahnt ja nicht, wie rasch sich das Augentier Habicht von erhöhter Warte, aus dem Baum heraus, erst optisch an dem suchenden Hund – z.B. Springer- oder Cockerspaniel – orientiert, um dann, schon nach ganz kurzer Zeit, beim ersten Laut förmlich zusammenzuzucken, nur noch geballte Konzentration dem Laut hinterherzuhören, ihm letztlich zu folgen, um dann, im wendigen Such- und Zickzackflug in der letzten Phase des überfallartigen Angriffs, den Hund überholend, wieder Augenkontakt zum Beutetier, einem Kaninchen, aufzunehmen. Dies sind ungeheuer

Links oben: Deutsch-Kurzhaar steht vor (Foto: Verfasser).
Rechts oben: Pointer steht im dichten Gestrüpp Fasan vor (Foto: Verfasser).
Unten: Bretonischer Vorstehhund (Epagneul Breton). Diese alte Vorstehhundrasse (mit einer Größe von nur 48/50, Rüde, und 47/49, Hündin, gilt als kleinster Vorstehhund) zeichnet sich durch Robustheit, Härte im Schilf, Dickicht und Wasser aus. Der Bretonische Vorstehhund ist ein sicherer Verlorenbringer, zuverlässiger Feldhund und ruhiger Waidgesell unter dem Beizvogel (Foto: Archiv Club für Bretonische Vorstehhunde).

spannende Momente, unglaublich aufregende Bilder. Das Trio – Falkner, Vogel, Hund – sucht seinesgleichen. Es gibt nichts Vergleichbares!

Aber es gibt – zum Teil gute – Gründe, weshalb man fast ausschließlich Vorsteh- und so gut wie gar keine Stöberhunde unter dem Habicht sieht. Zweifellos ist der Vorstehhund vielseitiger einsetzbar, was besonders auf Gesellschaftsbeizen zum Tragen kommt. Und mit Abstrichen kann er auch stöbern. Es gibt sogar einige wenige Vorstehhunde, die über den Sichtlaut hinaus auch spurlaut sind.

Ein weiterer Grund ist, so meine Erfahrung, darin zu suchen, daß die meisten Stöberhunde am Ende der spurlauten Jagd – in diesem Fall beim vom Habicht geschlagenen Kanin oder Hasen – eher „schon mal zulangen", sie also nicht ganz so einfach dem Beizvogel das Feld überlassen. Doch auch dies läßt sich erlernen.

In meinem Leben habe ich drei verschiedene Stöberhunde erfolgreich unter dem Habicht erlebt: Einen Cocker-, einen Springerspaniel und einen Zwergteckel. Es waren beeindruckende Bilder, und im Hinblick auf Harmonie im Team standen die Stöberer unter dem Habicht den Vorstehern unter dem anwartenden Falken in nichts nach.

So vehement ich den kleinen, brauchbaren, spurlauten Stöberhund unter dem Habicht propagiere, sosehr muß ich davor warnen, den kleinsten der Stöberhunde, den Teckel, auf Gemeinschaftsbeizen mitzunehmen und einzusetzen. Der eigene Habicht ist an ihn gewöhnt und auf ihn eingestimmt; fremden Habichten und gar Steinadlern ist er kein Jagdkumpan, sondern nur – Opfer!

Das Frettchen

Wer mit seinem Habicht in der glücklichen Situation ist, überwiegend im gut besetzten Karnickelrevier beizen zu können, sollte die Anschaffung eines Frettchens in Erwägung ziehen. Dieser kleine, sympathische, auch für Kinder umgängliche Jagdgehilfe ist gerade im Kaninchenrevier, insbesondere in „Nischen" wie Flugplätzen, Militäranlagen oder Friedhöfen, ein ganz ausgezeichneter Helfer, um die grauen Lapuze insbesondere bei feuchtem, windigem Wetter aus dem Bau zu bekommen.

Die Frettchen, Iltis- oder Albinofrettchen, werden vorzugsweise von einem Hilfsfalkner – oder den eigenen Kindern (in entsprechendem Alter) – geführt und, nachdem ein guter Hund die befahrenen Kaninchenbaue angezeigt hat, auf den Bau gelassen. Der oder die Falkner sollten nicht zu nahe am Bau stehen. Ruhe ist absolute Pflicht. Ist das mit einer Bell oder gar einem Maulkorb versehene Frett geschlieft, wird schon nach kurzer Zeit ein Kaninchen springen. Oft wird dieses Springen, dieses „Aus-dem-Bau-Fahren" (Kaninchenjäger kennen es) mit einem Rumpler angekündigt (dies ist der Moment, wo man tunlichst die Flinte „im Gesicht haben sollte"). Auch der Habicht wird, entsprechend eingejagt, auf dieses „Poltern" schon nach wenigen erfolgreichen Jagden reagieren und „Bescheid wissen".

Frettieren mit dem Habicht – oder Beizjagd mit dem Frett – ist, richtiges Verhalten und einfühlsamer Umgang mit dem Frettchen vorausgesetzt, ein sehr beschauliches Waidwerken. Es geht ruhig zu, alles wirkt sehr professionell, selten einmal verstößt sich ein Vogel. Fast immer, wenn ein Frettchen einmal im Bau bleibt, es also ein Kanin gefangen hat, haben die Falkner und Frettchenführer einen Fehler gemacht: also entweder das Frett schliefen lassen und zu dicht oder zu laut am Bau gestanden, so daß die Kaninchen nicht springen; oder das Frett wurde geschickt, obwohl Myxomatose grassiert; oder das Frettchen wurde überfordert, indem man es zu oft geschickt hat, dann rollt es sich ein und hält ein Schläfchen – wer will es ihm verdenken?

Auch mit dem Frettchen auf Kaninchenbeize gilt der alte waidgerechte Grundsatz, daß ein einmal verfolgtes (und eventuell wieder zu Bau fahrendes) Kaninchen nicht mehr bejagt wird, ob mit Habicht oder Frettchen oder beiden. Dies adelt den Falkner und den Frettchenführer und ehrt das Wild, welches im Kampf gegen einen „natürlichen" Beutegreifer erfolgreich war.

Das Beizwild

Seit die Falknerei in die deutsche Jagdgesetzgebung eingebunden ist, seit also einige kluge und weise Leute die Beize als Teil der Jagd verstanden wissen wollten und damit wahrscheinlich die Falknerei gerettet haben (dies immer wieder zu betonen, erscheint mir wichtig!), kommt es aber auch zu einigen Kuriositäten. Nicht genug damit, daß die Beizvögel gleichzeitig Wild im Sinne des Gesetzes sind, werden sie in fast allen Fällen rechtlich wie „Waffen" behandelt. Davon gleich mehr.

Nicht was *kann*, sondern was *darf* der heutige Falkner eigentlich beizen? Diese Frage im Rahmen der Falknerprüfung richtig zu beantworten, fällt leicht: auf alles Niederwild, für das laut Bundesjagdgesetz eine Jagdzeit vorgesehen ist. Im wesentlichen also (je nach Bundesland unterschiedlich!):

- Feldhasen
- Rebhühner
- Fasane
- Ringel- und Türkentauben
- Wildenten (im wesentlichen Stockenten)
- Bläßhühner
- Lach-, Sturm-, Silber-, Mantel- und Heringsmöwen
- Wildkaninchen
- Füchse
- Elstern und
- Rabenkrähen (Ausnahmeregelungen der Bundesländer beachten!).

Eigentlich doch eine ganz schöne Breite an Beizwild! Sieht man sich jedoch das Beutespektrum der wichtigsten Beizvögel an und reduziert obige Aufstellung um regionale Besonderheiten (z.B. Möwen), bleibt nicht allzuviel übrig.

Für den Stein- und Habichtsadler kommen Hasen und Füchse in Betracht; für den Habicht Kaninchen, Hasen und gegebenenfalls Fasane, vielleicht noch Rabenkrähen;

Links oben: Richtig erzogen und gehalten, sind Frettchen liebe, anschmiegsame Hausgenossen.
Rechts oben: Erst im dichten, dunklen Gestrüpp wird klar, welche Vorteile Albinofrettchen haben.
Unten: Nicht selten übernimmt die Ehefrau, Gefährtin oder Freundin den Part des frettchenführenden „Hilfsfalkners" (Fotos: Verfasser).

für den Wanderfalkenterzel Rebhühner; für den Wanderfalken Fasane, Rabenkrähen und Möwen.

Ringel- und Türkentauben scheiden aus, da kein Falkner seinem Beizvogel die „leidige Brieftaubenjägerei" schmackhaft machen will.

Hat ein Falkner einen großzügigen Jagdpächter gefunden, der ihm ein Begehungsrecht einräumt, darf er zwar jagen, sich aber nicht das gebeizte Wild aneignen, denn dieses Recht hat ausschließlich der Jagdausübungsberechtigte. Bei Möwen, Füchsen und Krähen, eventuell noch bei Kaninchen, wird das Aneignungsrecht mit dem Begehungsrecht gekoppelt werden können; bei den „seltenen" Hasen, Rebhühnern und Fasanen sieht dies jedoch schon ganz anders aus. Und da jeder Falkner weiß – und gelernt hat –, daß auf der ersten geschlagenen Beute (überhaupt und jedes Jahr aufs neue) der Vogel aufzuatzen ist (Prägung), sind rechtzeitig Überredungskunst seitens des Falkners und eventuell finanzieller Ausgleich (sprich: Ankauf) erforderlich.

Ein Falkner mit Begehungsrecht auf Kaninchen läßt seinen Habicht frei folgen, um ihn zu trainieren. Anläßlich dieser Freien Folge – Ende September – schlägt der Habicht unbeabsichtigt eine Fasanenhenne. Pech! Wie sich nun richtig verhalten? Den Vogel aufatzen (es ist seine erste Beute), den Rest der Beute dem Revierpächter übergeben? Oder dem Vogel die Beute abnehmen und ihn mit Rinderherz aufatzen? Die Reaktion des Pächters wird abhängig sein vom persönlichen Verhältnis zum Falkner. Ein Schonzeitvergehen bleibt es allemal, also: Selbstanzeige?

Ein Falkner arbeitet seinen Anwarter auf Rebhühner. Während dieser Beize jagt der Wanderfalke blau auf Kiebitze und schlägt einen. Der Kiebitz gehört zu den besonders geschützten Arten, unterliegt somit dem Naturschutzrecht, darf also auf keinen Fall bejagt werden. Jagd war es auch nicht, denn der Beizvogel hat „blau", also nicht auf das vorgesehene Wild gejagt. Rechtlich gesehen, darf der Falkner weder seinen Vogel auf der geschlagenen Beute aufatzen noch diese auch nur vorübergehend in die Falknertasche stecken, sich also aneignen, noch sie mit nach Hause nehmen.

An diesen letzten Beispielen wird klar, daß in der falknerischen „Jagdgesetzgebungseuphorie" einiges dubios ist, will sagen, daß der Beizjäger nicht in allen Belangen dem Jäger mit der Waffe gleichzusetzen ist. Eine großzügige Ausnahmeregelungpraxis für Falkner wäre hilfreich und sinnvoll. Ein Schütze, der einen Kiebitz schießt, handelt immer grob fahrlässig oder gar vorsätzlich; ein Falkner, sofern man ihm gezieltes Jagen (Nachstellen) auf geschützte Arten nicht nachweisen kann und dessen Vogel unglücklicherweise etwas geschlagen hat, was im Gesetz nicht vorgesehen ist, handelt nicht einmal fahrlässig.

Ein anderes Thema: In – fast – allen Büchern über zeitgenössische Falknerei wird beschrieben, wie man erfolgreich Krähen mit dem Habicht oder mit dem Falken aus

dem Auto heraus beizt. Bei der Falknerprüfung auf die Frage, ob man aus dem Auto beizen darf, lautet die Antwort: nein, da die Jagd aus dem Auto generell verboten ist.

Diese Antwort (Schöneberg[23], Musterlösung zur Falknerprüfung) erscheint mir im doppelten Sinne falsch, zumindest interpretationswürdig. Die Jagd aus dem Auto ist grundsätzlich verboten, d.h. Ausnahmen sind zulässig, und richtigerweise sind für körperlich behinderte Jäger Ausnahmen vorgesehen. Weshalb nicht auch für Falkner? Zweitens ist hier der Jäger mit dem Falkner nicht in einen Topf zu werfen, denn ersterer darf sich sehr wohl im Auto den Krähen nähern, sie also „anpirschen". Zum Schuß muß er (wohl hauptsächlich aus Sicherheits- und nicht aus Waidgerechtigkeitsgründen) aussteigen. Der Falkner, der im Auto auf Krähen beizt, nähert sich ebenfalls nur an. Den freigelassenen Beizvogel mit dem Einsatz der Waffe gleichzusetzen, ist falsch und meines Erachtens unzulässig. Auch der aus dem Auto „geworfene" Vogel jagt letztlich wie ein Wildvogel; er muß die Krähe erst einmal erwischen, und ein unwaidmännisches Verhalten kann ich nicht erkennen. (Ob der Gesetzgeber dies so eng sieht, oder ob die Falknerprüfungskommissionen im „vorauseilenden Gehorsam" wieder einmal einen Schritt schneller waren, vermag ich nicht zu entscheiden.) Festzuhalten bleibt, daß, wer die Jagd an Kirrungen, Luderplätzen und an Lecksteinen zuläßt, den Falknern die Beizjagd auf Rabenvögel aus dem Auto erlauben sollte.

Ähnlich verhält es sich mit dem Überjagen bzw. dem Verstoßen des Beizvogels in ein fremdes Revier. Wenn ein Jagdhund überjagt, wird dies fast als „normal" angesehen, und in der Tat besteht kein Anlaß, dem Hund zu folgen. Einem überjagenden Beizvogel muß und sollte der Falkner auf alle Fälle folgen und bemüht sein, wieder Sichtkontakt aufzunehmen. Folgt er dem Vogel, ist er praktisch „zur Jagd ausgerüstet in einem fremden Revier" – und macht sich strafbar. Auch hier sollte den Falknern per se eine Ausnahmeregelung eingeräumt werden, denn das Wiedereinholen eines wertvollen Beizvogels ist höher zu bewerten als eine mögliche „Ordnungswidrigkeit".

Keine andere Form der Jagd, eingeschlossen die Fangjagd mit Falle und Eisen, wird rechtlich so eingeengt, durch Paragraphen, Gesetze, Verordnungen und Restriktionen so geknebelt wie die Jagd mit den freiesten Geschöpfen – die Beizjagd. Nicht den Lockerungen hinsichtlich Beschaffung, Haltung, Prüfung, Zucht, Ein- und Ausfuhr von Greifvögeln soll hier das Wort geredet werden, sondern dem „normalen" Umgang miteinander, der toleranten, praktikablen und pragmatischen, nein: nicht Gleichsetzung, sondern Unterscheidung zu den Jägern mit der Feuerwaffe.

Szenenwechsel. Ende einer Gesellschaftsbeizjagd. Es geht um die Strecke. Immer, ob beim abendlichen Streckelegen oder auch in sonstigen Verlautbarungen, wird gemeldet und bekanntgegeben z.B.: 2 Fasane, 3 Rebhühner, 4 Hasen, 15 Kaninchen, 1 verwilderte Katze und 1 Drossel – insgesamt also 26 Kreaturen. „Kreaturen"! Weshalb kann man das gebeizte Wild nicht auch als solche bezeichnen, „wild" war es ja,

auch wenn es im Sinne des Gesetzes nicht als Wild zu bezeichnen ist. Indem es während einer Jagd („aus Versehen") gebeizt, also getötet wurde, wird es ja wie „Wild" behandelt. Klingt es da nicht viel besser (und für den mithörenden Laien viel verständlicher), wenn es heißt: „Es wurden 26 Stück Wild gebeizt."

Wir, die Falkner, müssen zu unserer Jagd, zu den Eigentümlichkeiten und Besonderheiten dieser alten traditionsreichen Jagdform stehen, wir müssen dem Laien (und Gesetzgeber) dies aber auch immer und immer wieder klarmachen. Je deutlicher wir dies tun, desto transparenter werden unsere Aktivitäten, desto weniger „Grauzonen" sind wir bereit, zu akzeptieren – desto sicherer und fester stehen wir neben (nicht hinter) den Jägern.

Eine aktuelle Anmerkung, zum Thema passend. In einer deutschen Jagdzeitschrift (Wild und Hund, Nr. 13/1997) berichtet Ulla Baumer über „Pfeilschnelle Jäger" bei einer Steinadlerbeizjagd in der Oberpfalz. Zwei Falkner lassen ihre beiden Steinadler stundenlang in einem Waldgebiet frei jagen; zum Ende des Tages, schon in der Dämmerung, schlägt der eine Adler einen Rehbock. Dies wird als besonders erwähnenswertes Jagderlebnis spektakulär herausgestellt.

Ich kann mich dieser Einschätzung nicht anschließen, ganz im Gegenteil: Jeder Falkner weiß, daß es für einen Steinadler überhaupt kein Kunststück ist, Rehwild zu schlagen. Außerdem werden hier Steinadler in einer Jagdart (des Freien Jagens, vergleichbar mit der Freien Folge beim Habicht) eingesetzt, die seriöse Falkner tunlichst vermeiden sollten. Denn nur der Einsatz des Steinadlers als Faustvogel garantiert einerseits zielgerichtetes Jagen mit einem hohen Wahrscheinlichkeitsgrad (also nur an das Wild werfen, welches man auch beizen darf), und zum anderen nehmen Falkner, die ihre Adler (über Stunden) frei jagen lassen, zumindest fahrlässig in Kauf, daß in unseren für alle Besucher offenen Wäldern ein Unglück passiert. Statt des Rehbockes (möglicherweise auch noch ein Schonzeitvergehen?) hätte genausogut auch der Hund eines Spaziergängers unter den Fängen des Steinadlers enden können.

Es geht nicht darum, was wir beizen *können*, sondern was wir beizen *dürfen* – ich sagte es schon.

Die Jagd mit dem Habicht von der Faust und aus der Freien Folge

Eigentlich ein Tag, wie ihn sich die Jäger wünschen: Klarer Himmel, Frost, leichter Wind, ungefähr fünf Zentimeter Schnee. Ich hadere insgeheim mit dem schönen, allzuschönen (und wirklich kalten) Jagdwetter, denn gar zu gerne stellen sich die Vögel nach den kalten, trüben Tagen irgendwo ein, sonnen sich und lassen, sofern die Kondition nicht haargenau stimmt, Beizjagd und Hasen und die gesamte Falknerei sein.

Zu viert stapfen wir mit unseren Habichten auf der Faust in breiter Front über die hartgefrorenen Äcker der Göttinger Agrarsteppe, die für einen Beizadler ein viel besseres Gelände darstellt als für den Habicht. Der uns begleitende freundliche Jagdherr und Gastgeber läßt seinen Deutsch-Drahthaar auf unseren Wunsch nicht vorhinsuchen, sondern frei bei Fuß gehen, was für den Appell des Hundes und das Verständnis des Jagdherrn spricht.

Der rechte Flügelmann hebt den Arm. Er hat einen Hasen „im Pott" ausgemacht und gibt uns so zu verstehen, daß er den Habicht werfen will. Alle bleiben stehen und schauen gespannt und erwartungsfroh. Er beschreibt noch einen Halbkreis, wohl um hinter den Krummen zu kommen, bückt sich, greift einen Erdklumpen und wirft in Richtung Sasse. Wie eine Rakete schießt der Braune aus der Furche, der Althabicht sofort hinterher. Nach kurzem, rasantem Spurt scheint der Hase, sich offensichtlich sicher fühlend, in gemächlicheren „Hasengalopp" zu verfallen. Nun holt der Habicht erst richtig auf, holt gut auf, ist dicht hinter dem Hasen, der, nun wieder Fersengeld gebend, anzieht. Genau über dem Hasen und schon die gelben Fänge ausstreckend, in der flachen Wintersonne auch auf weite Entfernung gut zu sehen, macht der Hase einen abrupten Stopp; der Habicht überschießt, rechtwinklig saust der Bockelmann davon, der Habicht nunmehr nur noch „halbherzig" ein paar Meter hinterher. Dann läßt er sich einfach auf einer kleinen Erdscholle nieder. Noch weit ist der Hase auf dieser weißen Ebene zu sehen.

Vielleicht doch ein bißchen zu tief in Kondition, sinniere ich. Aber es ist ja so einfach, über die Kondition fremder Vögel zu lästern.

Als der Vogel wieder fest und auf der Faust steht, geht es weiter.

Die Hasen scheinen fest zu liegen, denn nun ruft der Jagdherr, daß vor ihm einer in der Sasse sitzt. Nun ist mein direkter Nachbar mit seinem Althabicht dran. Das gleiche Spiel. Er hebt die Faust, öffnet diese, gibt die Geschühriemen frei, derweil der Jagdherr langsam auf die Sasse zugeht. Der Falkner mit seinem Habicht steht etwa zwanzig Meter entfernt. Eine gute Distanz. Zu nah am Hasen ist für den Habicht nicht von Vorteil, denn auch er braucht einige Meter, um richtig Geschwindigkeit aufnehmen zu können.

„Habicht frei!"

Kaum ist der Hase aus der Sasse, ist der Habicht auch schon über ihm. Federn, Schwingen, Balg und Schnee wirbeln wild durcheinander. Im Nu ist der Falkner zur Stelle, hilft seinem Vogel, der den Krummen einfängig mit Kopfgriff hält, während der andere Fang weich gefaßt zu haben scheint, daher das Getümmel. Schnell und fachmännisch fängt der Freund den Hasen ab.

Wir treten näher und bewundern den mit offenem Schnabel über dem Hasen mantelnden Althabicht. Ein „wildes", ein schönes Bild.

Alle wünschen Falknersheil, und als der mittelstarke Hase in der Falknertasche den Weg allen Beizwildes geht, wundern wir uns doch über den ungewöhnlich kurzen Angriffsflug. Ob der Hase krank war?

Ich habe den Hasen überhaupt nicht wahrgenommen. Als mein Habicht zusammenzuckt, öffne ich automatisch die Faust, schreie „Habicht frei", und ab geht die Post. So an die vierzig, fünfzig Meter seitlich von uns wischt ein Hase aus der Sasse und fegt in voller Fahrt eine Maisstengelfurche entlang. Meter um Meter holt mein Habicht auf. Schon renne ich, denn es ist ein weiter Flug. Zu weit, denke ich noch so.

Als hinter einer seichten Bodenwelle – oder leichten Schneewehe? – ich nur kurz einen Wischer sehe und dann, weit entfernt, den Hasen klagen höre, rase, spurte, hechte ich förmlich übers Feld. Verliere Hut, bange um meinen Vogel, pumpe, schnaufe, hechle, hoffe…

„Halt ihn…, hoffentlich hält er ihn…"

Dann seh' ich ihn, den Hasen. Seh' den Hasen und nur zwei gelbe Fänge merkwürdig verdreht im Kopf und in der Brust verkrallt über dem Habicht und zwischen den Maisstrünken im aufgewirbelten und zerwühlten Schnee liegen. Seh' nur Kopf, Fänge und den Hasen. Da die langen Hinterläufe des Gebundenen wie wild schlagen, fasse ich diese fest mit links, drehe den sich noch immer Wehrenden auf die rechte Seite, und Gott sei Dank kommt mein Habicht nun auf seiner Beute zu stehen. Vorsichtig fahre

Links oben: Häufig beginnen Beiz-Gesellschaftsjagden (Ordenstagungen) mit einem traditionellen Beizvogelappell.
Rechts oben: Jagdpause in der Heide. Allein mit dem firmen Hund (Kleiner Münsterländer) und dem locken Habicht (hier ein Terzel auf dem leichten Feldsprenkel) in Heide, Busch und Moor zu beizen, ist höchstes Jagdvergnügen.
Links unten: Wie schwierig es der Habicht oft hat, ein Kaninchen zu binden und zu halten, hängt nicht selten von mehreren Umständen ab. Der sichere, harte Kopfgriff bannt das Kanin an den Platz, auch wenn ein Prügel mit zwischen die Fänge geraten ist.
Rechts unten: Auf dem letzten gebeizten Stück Wild wird gegen Abend der Vogel aufgeatzt (Fotos: Verfasser).

ich mit dem schmalen Falknermesser von hinten zwischen dem einen Fang durch ins Leben, bis der Krumme sich streckt und verendet ist. War das ein Kampf!

Der Jagdherr reicht mir meinen Hut, wünscht Falknersheil und übergibt mir den Hasen zum Aufatzen, denn, so sein fachkundiger Kommentar: „Nach so einem langen Flug und wilden Kampf braucht der Habicht was in'n Kropf..." Alle nicken zustimmend auf mein In-die-Runde-Fragen, ich sage artig Falknersdank und atze meinen Habicht auf.

Zwei Hasen, gebeizt von zwei Habichten; die anderen beiden Habichte waren indisponiert, erschienen lustlos, hatten keinen Appell und wollten sich nur sonnen. So kann es gehen.

Wieder einmal hatten die Hessen in die Nähe von Frankfurt eingeladen. Eine gemischte Falknergruppe, bestehend aus mehreren Habichtlern und zwei Beizjägern mit Steinadlern, tummelt sich auf einem großen, verwilderten, aus mehreren kiesgrubenähnlichen Mulden und trockenen „Tümpeln" bestehenden Industriegelände, um den kleinen grauen Flitzern nachzustellen.

Novembertrübgraues Wetter und mäßiger Wind verheißen aufregende Flüge und guten Anblick. Doch in diesem unübersichtlichen Gelände, verkrautet, verstruppt, verwachsen und verdickicht, ist vom Falkner Disziplin gefragt und gefordert.

Immer bestimmen wir einen, der als nächster wirft, damit auf gar keinen Fall plötzlich zwei Habichte oder, schlimmer noch, ein Habicht und ein Adler in der Luft sind. Den Adlern weisen wir meist etwas offeneres Gelände zu, während die Habichtler Büsche oder Buschkomplexe umstellen, derweil die Hunde suchen.

„Habicht frei", klingt es allenthalben, „Vogel frei", ruft ein anderer. „Liegt – Vogel fest", schallt es herüber. So beizen wir geruhsam an diesem frühen Winternachmittag auf engstem Raum das eine und andere Kaninchen, und manch einer hat schon jene wohlige Schwere in der Falknertasche, die bewußte Glückseligkeit aufkommen läßt. So auch ich. Mit drei schneidigen, aufregenden, da gut zu beobachtenden Flügen ein Kaninchen gebeizt. Nur weiter so!

Jeder kennt jeden, alles erfahrene Falkner, es brauchen nicht viele Worte gewechselt zu werden, man versteht einander auch so. Eine wunderbare, heitere, fast fröhliche Stimmung kommt auf, die ganz im Gegensatz zu den „dräuenden Blicken" der Adler und den grimmigen „Beutebereitschaftsgesten" der Habichte zu stehen scheint. Aber es *scheint* nur so. Die Beizvögel wissen, worauf es ankommt, und sind „cooler", als sie wirken; die Falkner überspielen ihren Jagdeifer und ihre Jagdpassion mit Witzen und flotten Sprüchen.

Und immer ist es dasselbe: Zum Ende des Jagdtages läßt bei den Falknern die Konzentration nach, und der Übermut über erreichtes Falknersheil steigert sich. Bei den Beizvögeln fällt durch diverse, teils anstrengende Jagdflüge die Kondition, und die Aggression wächst.

Schon zwei Graue habe ich im Rucksack, als über mir ein Adlermann „Vogel frei" ruft und seinen Steinadler einem für mich unsichtbaren Wild nachwirft. In diesem Moment rutscht direkt unter meinen Füßen ein Kanin heraus, und „instinktiv" öffnet sich die Faust. Haken links, Haken rechts, der Habicht überschießt, kurvt um einen Busch, Bellengeläut, Kaninchen wieder oder immer noch frei, saust wie der Blitz weiter, ist nicht mehr zu sehen, über einem Busch kippt der Habicht ab – und über mir ist ein Adler.

Weit vor mir erreicht er den Busch, hinter dem mein Habicht verschwand. Einem Lapuz gleich kurve ich um die Büsche, höre Flüche um mich 'rum und erreiche Habicht, Adler und Kanin. Der Habicht hält letzteres mit gutem Kopf- und Brustgriff, der Adler hängt ihm an den Keulen, und beide giften sich mit gesträubten Kopfgefieder an, daß mir angst und bang wird. Da der Adler sich vorarbeiten will, halte ich die Falknertasche zwischen beide und rufe nach dem Adlermann, der auch sofort erscheint. Da sich mein Habicht viel leichter abnehmen läßt als der viel stärkere und äußerst aggressiv erscheinende Adler, überlasse ich als der Kleinere und Verursacher des Desasters dem Stärkeren „unsere" Beute. Hätte einfach nicht passieren dürfen. Hätte!

Wie aggressiv dieser Adler wirklich war – und wie „nachtragend" ein Adler sein kann –, zeigte er mir zum Ende des Jagdtages. Ich hatte meinen Habicht schon längst aufgeatzt und mich mit drei Kaninchen im Rucksack gemächlich und auch ein wenig ungeordnet den anderen zum Rückweg angeschlossen, als die beiden Adlermänner noch einen kleinen Umweg „der Hasen wegen" unternahmen. Plaudernd und guter Dinge und die Hasenjäger kaum beachtend, bummelten wir durch die Landschaft, als mein Habicht plötzlich erregt keckerte, absprang und mir aus heiterem Himmel ein – nein, der – Adler im Genick hing. Glücklicherweise hatte er sich in meinen eingerollten Parkakragen verkrallt, und ein Hilfsfalkner ohne Vogel kam mir sofort zu Hilfe.

Merkwürdig: Irgendwie bekommt mein Respekt – vielleicht auch meine unterschwellige Furcht – vor diesen starken Greifen immer wieder neue Nahrung.

Was wäre die gesamte Falknerei, was der Orden, gäbe es nicht diese rührigen Landesgruppen, Komtureien oder Gaue? Man käme nicht zusammen, hätte nichts zum Klönen und Fachsimpeln, müßte auf kleine Gemeinschaftsbeizen verzichten, und gerade letzteres macht den besonderen Reiz aus. Was gibt es Schöneres, als mit ein paar Freunden und guten Bekannten dem gemeinsamen Hobby nachzugehen, das ja viel mehr ist als reine Freizeitbeschäftigung: bei dem einen Berufung, bei dem anderen Passion des Lebens, bei wieder einem anderen lebens-, tages- und jahresbestimmender Ausgleich zum notwendigen „Broterwerb"?

Diesmal hatten wir uns in reine Habicht-, Falken- und Adlergruppen geteilt. Dem Wetter angepaßt und aus Beizjagderfahrung „klug" geworden, wollten wir, fünf

Habichtler mit ihren Vögeln, nur frettieren, denn es war feuchtkaltes, grautrübes Novemberwetter. Wir vermuteten die grauen Flitzer also im Bau.

Zwei Falknersöhne übernahmen den Frettcheneinsatz, zwei Hunde – ein Kleiner Münsterländer und ein Pointer – standen zur Baukontrolle zur Verfügung. Auf der „Heide" angekommen, welche sich als Brachfläche mit eingesprenkeltem Weißdorn, Holunder, Birke und sonstigem Strupp entpuppte, ließen wir immer einen Hund zur Kontrolle der Baue suchen. Stand er vor oder zeigte er sich sonst interessiert, wurde er angeleint, ein Falkner zum Werfen bestimmt, und der Junge ließ eines der Frettchen, versehen mit einer kleinen Bell, in den Bau.

Der auserkorene Falkner steht meist etwas erhöht, so daß er alle Röhren möglichst im Blick hat; die anderen bilden mit ein wenig Abstand einen Kreis oder Halbkreis und wenden sich mit ihren Vögeln etwas ab. Keiner sagt ein Wort, Ruhe muß herrschen, und, dies ist ganz wichtig, der Falkner darf nicht zu nah am Bau stehen, denn sonst flüchtet das aus einer Röhre herauskommende Kanin in die nächste Röhre hinein, und um nichts in der Welt läßt es sich dann ein zweites Mal sprengen. Meist wird es dann noch vom Frett „geschlagen", und somit sind Kanin und Frett verloren, oder es kommt zu langen Wartezeiten.

Gleich beim ersten Bau springt das Kaninchen so unglücklich, nämlich verdeckt, daß der Falkner gar nicht zum Werfen kommt. Auch das Frettchen ist schnell wieder draußen.

Beim zweiten Bau macht es der Falkner besser, denn er stellt seinen Habicht auf einen in der Nähe stehenden Wildapfelbaum. Dies kann er aber auch nur wagen, da sein Habicht die Jagd mit dem Frettchen kennt, dieses also niemals schlagen würde. Bei meinem Vogel wäre ich mir da nicht so sicher.

Wieder stehen wir also alle herum, sind gespannt und voller Erwartung. Der Habicht im Baum scheint den Dreh wirklich zu kennen, denn schlank und gespannt steht er droben und schaut gebannt und konzentriert in die Runde; ja, es sieht so aus, als „leuchte" er eine Röhre nach der anderen ab.

An einer kleinen Böschung (direkt vor mir) ein Rumpler – mein Habicht springt

Beobachtungen beim Frettieren

Links oben: Ruhig, gespannt im dichten Wald.
Rechts oben: Aufmerksam sucht und beobachtet der erfahrene Althabicht das Gestrüpp unter sich, in dem er Frettchen weiß und Kanin vermutet.
Links unten: Hat der starke Althabichtterzel schon etwas entdeckt?
Rechts unten: Der Hund zeigt den befahrenen Bau an, dann wird er angeleint, und das Frett kommt zum Einsatz. Alle warten sie ruhig, gespannt, aufmerksam; der Jäger jederzeit bereit, die Hand zu öffnen und den Vogel freizugeben (Fotos: Verfasser).

drauf zu. Noch ehe das Kanin erscheint, fällt der andere Habicht aus dem Baum, kurze Flucht, scharfer Anflug – hat es!

Sauber mit Kopfgriff gebunden, besser kann es nicht gehen.

Schnell ist der Falkner zur Stelle: Kanin abgefangen, abgenommen, eingesteckt – ein kurzer Wink „Vogel fest". Weiter Ruhe, denn das Frettchen ist noch immer im Bau.

Ein zweiter Falkner macht sich fertig, hält seinen Greif auf hoch erhobener Faust, schaut in die Runde und bohrt vor lauter Aufregung in der Nase.

Der Habicht schießt los (von mir fort), zickzackt durchs Gebüsch, der Falkner hinterher und erscheint nach einigen Minuten glückstrahlend mit einem Kaninchen.

Noch immer ist das weiße Albinofrettchen im Bau. Geduld. Wir warten und warten, doch nichts tut sich. Schließlich geht einer der Jungen an die Röhre, hält den Behälter davor und klopft sachte an die Röhrenwand des Baues und an den Transportbehälter. Und da erscheint es ganz gemächlich und krabbelt wie selbstverständlich in seine kleine Kiste. Es sind einfach nette Gesellen, diese Frettchen.

Also weiter.

Auf dem Weg zum nächsten Bau steht der frei vor uns suchende Pointer plötzlich einen kleinen Busch vor. Mit Blicken verständigen wir uns, wer als nächster wirft. Einer geht vor, überträgt seine Spannung auf den gefiederten Jagdgesellen, wir halten uns etwas zurück. Der Falkner nimmt Blickkontakt zu dem Hundeführer auf, nickt – „Voran…"

Prrrrrr… Der Habicht hinterher. Fliegt unter dem Gockel, der regelrecht himmelt. Der will ihn…, denke ich, denn es ist ein scharfer, schneidiger Flug mit wuchtigem Schwingenschlag, der auch weit geht. Der Fasanenhahn steuert eine kleine Baumgruppe an, verliert an Höhe, und gerade noch können wir erkennen, wie es kurz vor den Bäumen wild durcheinanderwirbelt.

Der Habichtler ist längst hinterher. Und da es eine Weile dauern wird, machen wir Pause, diskutieren, freuen uns an dem wunderbaren Flug und sind schließlich froh, als der revierkundige, gastgebende Falkner betont, daß durchaus nebenher ein paar Hähne gebeizt werden können. So gastfreundlich ist man hier.

Der Fasan entpuppt sich als ein altes Exemplar derer von *mongolicus*, wie wir unschwer an den Sporen feststellen können, und – ist der zehnte gebeizte Hahn des Jahres mit diesem Habicht. Falknersheil!

Beim nächsten Bau bin ich dran. Kaum ist das Frettchen verschwunden, ich noch gar nicht richtig in Position und Positur, springt schon das erste Kaninchen ab, das wohl mein Habicht gesehen hat, jedoch ich nicht, denn er springt ab und will hinterher. Ärgerlich! Auch für den Habicht.

Da das Frettchen noch drinnen ist, stelle ich mich etwas um und bin nun voll konzentriert. „Kanin!" schreit einer. „Habicht frei!" brülle ich und werfe den Habicht einfach in die Richtung, was richtig war, denn er jagt scharf an, ohne daß ich sehen

kann, was. Zweimal sehe ich ihn kurven, dann abkippen, aufsteilen, niederstoßen – und sich einschwingen. Schade! Doch irgend etwas scheint er noch aufgeregt im Blick zu haben, wie ich scherenschnittartig gegen den bleigrauen Himmel erkennen kann. Dann jagt er wieder an. Ich im Laufschritt hinterher. Höre kurz die Bellen, gehe dem Klang langsam und vorsichtig nach und stehe vor meinem Habicht, der ein starkes Kanin gebunden hat. Ach, ist das schön!

So beizten wir an diesem Nachmittag neun Kaninchen und einen Fasan. Ich liebe dieses Jagen mit Frett und Habicht!

Hatte ich früher immer den Hasenbalg dabei, um meinen Habicht, sofern er schlechten Faustappell zeigte, zum Beireiten zu veranlassen, so änderte sich dies ab dem dritten Flug, denn ich stellte ihn parallel zum Haar- nun auch noch auf Federwild ein und benutzte nun ein schweres Federspiel.

Dieses war nicht nur wesentlich kleiner und handlicher als so ein unansehnlicher, unappetitlicher Balg, es ließ sich auch viel komfortabler und effektiver handhaben.

Anfangs flach über den Boden gezogen, ließ ich den Habicht anfliegen, um dann, in der Endphase, das Federspiel steil nach oben zu schleudern, so daß der Vogel gezwungen war, steil aufzusteilen und die Beuteattrappe von unten zu schlagen. Dies sollte nicht nur die Taktik auf Flugwild verbessern (Angriff von unten), sondern war gleichzeitig für den Vogel auch noch ein regelrechtes Krafttraining, denn in dem Federspiel war ein Hufeisen eingenäht, und jedesmal, wenn er nach dem Schlagen mitsamt der künstlichen Beute zu Boden glitt und flatterte, stellte dies doch einen erheblichen Kraftaufwand dar, der obendrein das Leiten verleidete.

Dieses Umstellen auf Flugwild war nicht meine Idee, vielmehr brachte mich ein bekannter Tierfilmer darauf mit der Bitte, diesen wunderbaren Vogel als „Star" in seinem Film herauszubringen – Vorbedingung sei allerdings, er müsse auch Flugwild schlagen.

Nachdem alle Szenen und „Stunts" gedreht waren, bekam ich für einige Tage als Dankeschön in seinem herrlichen Revier bei Sande „Vogel frei" auf alles Wild, was der Falknerschein damals frei- und das Revier hergab.

Zu dritt – der Revierinhaber mit Kleinem Münsterländer, ein Freund als Hilfsfalkner und ich mit „Frigga" auf der Faust – pürschen wir durch Heide, Moor und Bruch. Nach einer kurzen Diskussion, ob wir ein kleines Fasanengehölz unter oder über Wind angehen sollten, entscheide ich aufgrund der vielen kleinen Moorweiher und der womöglich weiten Jagd unter Wind, es gegen den frischen Herbstwind zu versuchen. Ich solle mich, so der Jagdherr, auf einen kleinen Hügel stellen (was in Friesland „ein Hügel" ist…), und er mit Hund und „Hilfstreiber" würden das kleine Gehölz, mehr eine Baum-Buschgruppe, durchdrücken.

Kaum sind die drei fort, aber noch in Sichtweite, explodiert das Wäldchen: Ein Bukett von schätzungsweise zwanzig, dreißig Fasanen stiebt in den herbstblauen Him-

mel. Mein Habicht springt ab, flattert wie wild, ich halte ihn jedoch, aus Erfahrung der letzten Film- und Jagdtage klug geworden, zurück, denn zu viele Fasane verwirren nur und mindern die Chance. Nichtsdestotrotz ein unglaubliches Bild, wie sich derart viele bunte, schillernde Vögel schlagartig in den Himmel werfen.

Der Jagdherr, meinen Vogel noch auf der Faust erkennend, deutet mir anerkennend mit dem aufrechten Daumen, zeigt verheißungsvoll nach vorn, und nach einer kurzen Beruhigungspause suchen die drei weiter.

Jetzt bin ich konzentriert und motiviert, genau wie mein Habicht.

Wie so oft bei Fasanen, gehen noch einige Nachzügler „airborne"; erst eine Henne, die ich pardoniere, dann ein Hahn – und ich werfe.

Im ersten Moment glaube ich, daß der Habicht den Hahn überhaupt nicht gesehen hat, diesen überhaupt nicht anjagt, denn er fegt wie das Ungewitter im eleganten Kurven- und Zickzackflug tief, fast in Buschhöhe zwar in Richtung fortgockelndem Hahn, scheint diesen jedoch nicht zu verfolgen. Scheint! Denn kaum hat der langstößige *Mongolicus* die hohen Birken hinter sich, taucht kurz hinter und unter ihm mein Habicht in scharfem Angriffsflug auf, jetzt ungefähr in zehn Meter Höhe. Der Hahn ist immer noch mehr als doppelt so hoch.

Als der Hahn mal wieder von einer Flug- in die Gleitphase wechselt, schießt der Habicht raketengleich hoch, wirft sich auf den Rücken und schlägt den vor Schreck und Panik himmelnden Fasan so, daß beide umeinanderwirbelnd zu Boden, zumindest irgendwo ins Gestrüpp rauschen.

Einige wenige Federn schaukeln Faltern gleich zu Boden, wie ich im Glas erkennen kann, und ich präge mir die Stelle des Niedergehens genau ein.

Allesamt haben wir dann gesucht, doch nichts gefunden. Wo, heiliger Bavon, ist mein Habicht? Alle drei haben wir den Flug und das Greifen gesehen und auch die Stelle, an der beide zumindest ungefähr in die Heide gerauscht sind. Doch wo ist der Habicht?

Erst der Hund, besser: sein merkwürdiges Verhalten, halb Vorstehen, halb Verweisen (er ist ja kein Vogelhund), bringt uns zu jener Stelle, wo wir erst ein paar braune Federn sehen, dann im Takt des Rupfens Bellenlaut vernehmen. Schon mit halb vollem Kropf steht der Habicht mit schweißigem Schnabel in einem Kranz von

Links oben: Aus der Freien Folge, hoch oben im Baum...
Rechts oben: ...genau wie von einer Warte, hat der Habicht beim Jagen die größeren Chancen, denn er bestimmt den Zeitpunkt des Startens.
Unten: Edler, schön gezeichneter Althabicht (mit Sender am Fang) wartet gespannt auf seinen Einsatz, also auf das Werfen an Kanin oder Hase (Fotos: Verfasser).

Fasanenfedern und „wühlt" im Brustfleisch des Geschlagenen. Die Entfernung war's, die wir falsch berechnet hatten: es war viel, viel weiter als geschätzt.

Dieses Jagdverhalten – also die Beute anzuvisieren und dann auf „Umwegen", gedeckt, um letztlich überraschend anzugreifen – ist ja, glaubt man manchen Bestimmungsbüchern, dem Habicht eigentümlich. Erst später, im Aufarbeiten aller meiner Beizjagderlebnisse und in Verbindung mit Beobachtungen wilder Habichte, wurde mir klar, wie oft auch Beizhabichte – meist aus der Freien Folge – diese Taktik anwenden. Ja, sie gehen noch einen Schritt weiter, meine ich. Viel öfter, als man Erzählungen und Geschichten entnehmen kann, passiert es, daß der Habicht direkt nach dem Werfen, in Bruchteilen von Sekunden, den gesamten Angriffsplan „speichert", dann gedeckt, versteckt, getarnt und unsichtbar, ohne Sichtkontakt zur Beute anfliegt und mit ihr schließlich, wie durch ein Wunder, metergenau zusammentrifft. Wenn man einen derartigen Angriffsflug einmal nach Geschwindigkeit, Wind, Angriffsgeometrie, Taktik, Vorhaltewinkel, Überschußgeschwindigkeit, Flugprofil, Ausweichmanöver der Beute, Bodenbewuchs und sonstigem „seziert", wird einem dieses „Wunder" erst so richtig bewußt. Doch, wie gesagt, damals, als junger Mann, war ich, ähnlich meinem Habicht, wohl nur auf Beute fixiert.

Trotz der unbeabsichtigten Fasanenmahlzeit beschließen wir, es am nächsten Tag einmal auf Enten zu versuchen, einer Wildart, die ich bisher noch nie gebeizt hatte. Es gäbe viele kleine Weiher, Tümpel und Moorseen, meint der Jagdherr, und darunter doch bestimmt einen, auf dem Enten liegen und der für die Beize passend sei.

Ganz wohl ist mir nicht, und kurz vor dem Einschlafen sehe ich im Halbtraum meinen geliebten Habicht mit einer geschlagenen Ente mitten in einem See niedergehen und kann ihm nicht helfen...

Am nächsten Morgen können wir es geruhsam angehen lassen, denn dichte, doch flache Nebelschwaden hängen und ziehen übers Moor. Schön, stimmungsvoll und ausgesprochen malerisch wirkt das alles; für die Beizjagd ist Nebel jedoch ungeeignet.

Gegen 11 Uhr lichtet sich das Grau, und in Gummistiefeln geht's hinaus. Der Habicht stand über Nacht in einem leeren, überdachten Hundezwinger und ist trocken. Das Nackengefieder leicht gesträubt, Gewölle geworfen – ich bin guten Mutes.

Zwei Tümpel pürschen wir an, doch die Enten – überwiegend Stockenten – gehen frühzeitig ab.

Einmal klappte die Pürsch, da aber hatte ich ob der Größe des Wassers die Hosen voll und traute mich nicht zu werfen.

Mir war klar, daß ich nur dann eine Chance hätte, wenn der Habicht bei überschaubarem Wasser direkt und kurz hinter gerade aufstehende Enten kommen würde.

Dann war es soweit. Der Jagdherr meinte, sich drückende Enten in einem relativ

kleinen Tümpel gesehen zu haben, und schlug vor, den Habicht irgendwo günstig in einen Baum zu stellen und den Hund suchen zu lassen; dann müßte es doch klappen.

Ich ließ mich überreden in der vagen Hoffnung, daß er sich getäuscht haben könnte – irgendwie war das Wasser nicht mein Fall.

Der Habicht stand mit langem Stingel, der Hund suchte, wir warteten gespannt und aufgeregt. Ein Planschen im Schilf und Wasser, ein Planschen, ähnlich wie Flügelschlagen – und schon fällt der Habicht mit leicht angewinkelten Schwingen aus dem Baum. Getöse, Geplansche und Gematsche allenthalben; sehen, erkennen kann ich nichts. Doch der Jagdherr zeigt ganz aufgeregt ins Wasser und – springt hinterher. Verschwindet im Schilf, und ich stehe da, weiß nicht, was ich tun soll, und scheue mich, hinterherzuspringen. „Was ist?"

„Er hat was."

„Was denn?"

„Moment."

Erst taucht der Hund auf, dann das Hinterteil des Jagdherrn, denn gebückt rückwärts gehend zieht er etwas nasses Schwarzes, an dem mein Habicht hängt, durch Wasser und Modder an Land. Ein Bläßhuhn!

Mein Freund und auch der Jagdherr strahlen, ich bin enttäuscht. Erstens war es kein richtiger Flug, zweitens „nur" ein Bläßhuhn, und drittens war mein Habicht naß.

Der Jagdherr mußte nach Hause, sich umziehen. Wir sollten, wir könnten weitermachen – die Reviergrenzen seien uns ja bekannt.

Der nasse Habicht kam auf den mitgeführten Feldsprenkel, das Bläßhuhn in den Rucksack, und wir beide machten erst einmal Brotzeit und tranken das freundlicherweise vom Jagdherrn bereitgestellte Jever-Pils.

Im Laufe dieses mittäglichen Plausches in der Heide wurde uns klar, daß wir das „Projekt Ente" nicht einfach fallenlassen sollten und kamen auf diversen gedanklichen Umwegen schließlich zu den Fischteichen. Das war's! Die Fischteiche.

Von den Filmarbeiten war uns das Terrain bekannt, dort hatten wir Enten gesehen, die Teiche waren nicht zu groß, aber tief, es standen Pappeln dort, und es ließ sich gedeckt angehen. Kurz vor Erreichen des ersten Weihers eines ganzen Systems, welches wir im Schutz der hohen Bäume anpürschten, ging ein Fischreiher hoch. Mein Habicht zuckte, ich warf ihn nicht und bin sicher, in der damaligen Superform hätte er ihn angejagt und wohl auch geschlagen – und ich wäre in die Falknergeschichte eingegangen. Ich nahm dies als gutes Omen, auch ohne etwas für die Unsterblichkeit getan zu haben.

Langsam, ganz langsam und vorsichtig näherten wir uns dem nächsten Teich. Ich weiß nicht, ob sich der Beutewillen des Habichts auf mich oder meine Konzentration auf ihn übertrug, Tatsache war jedoch, daß wir uns in höchster Nervenanspannung

zentimeterweise den Enten, die wir hören konnten, näherten. Dann sahen wir sie durchs Geäst. Mein Habicht auch, wie ich am ruckenden Kopf bemerken konnte. Doch er sprang nicht ab. Näher, immer näher schoben wir uns, und als ich der Meinung war, die Entfernung sei optimal, bedeutete ich dem Freund mittels Blicken und Kopfzeichen, langsam in die Höhe zu gehen und die Enten hochzumachen. Gleichzeitig hob ich die Faust – und mit den aufstehenden Stockenten warf sich der Habicht von ihr. Schwingenschlag, Bellenklang, Wasserrauschen, Entengequake – eine völlig neue Beizjagdmelodie.

Flach übers Wasser schießend, holte der Vogel auf, war direkt unter den aufsteilenden Wasservögeln, noch ehe sie richtig Luft und Wind unter den Schwingen hatten und Höhe gewinnen konnten. Noch am Ende des kleinen Teiches schoß der Habicht einem Falken gleich in die Höhe, warf sich herum und trudelte mit einem Erpel in den Fängen – auch das noch! – an den Uferdamm. Über uns Enten, unzählige Enten, und einige Fischreiher. Wir strahlten einander an, klopften uns gegenseitig die Schultern und fühlten uns als die Größten. Die erste Ente! Und wie gebeizt!

Für den nächsten, den letzten Jagdtag hatte der Jagdherr, sofern wir wollten, eine – wie er sagte – „noch größere Herausforderung" für uns, und damit meinte er meinen Habicht und mich. Entlang eines Kiefernwaldes alte Spargel-, Tabak- und Maisfelder, in denen es vor Kaninchen und Fasanen nur so wimmeln würde. Auf die Frage, wo denn da die Herausforderung läge, erläuterte er, daß man das Wild zwar hören, die Hunde es auch finden würden, aber aufgrund des hohen Bewuchses nichts zu sehen bekomme. Er sah das natürlich aus der Sicht des Schützen, ich aber mit den Augen des – inzwischen euphorischen – Beizjägers und aus der Freien Folge.

Wenn heute über die Freie Folge – mündlich oder schriftlich – berichtet wird (so mein Eindruck), handelt es sich entweder um das Freie Folgen des Habichts zu Trainingszwecken, also um die Flugtüchtigkeit zu optimieren, oder um das Jagen von einer Warte aus. Im ersteren Fall ist das Ziel somit der Appell, das Beireiten, das Folgen, nicht aber das Jagen; im zweiten Fall steht der Vogel einfach irgendwo im Baum, und unter ihm wird entweder frettiert oder buschiert, der Habicht folgt also nicht oder nur kurzfristig.

Berufsbedingt und aufgrund fehlender eigener Jagdmöglichkeit war ich gezwungen – schon um die Großzügigkeit der Jagdherren nicht über die Maßen zu strapa-

Links oben: Der Habicht jagt an...
Rechts oben: ...holt auf...
Links unten: Schafft er es?
Rechts unten: Nein! Das Kanin erreicht die sichere Deckung. Bei der Beizjagd haben Jäger und Gejagter die gleichen Chancen (Fotos: Verfasser).

zieren –, meinen Vogel stets in hoher Kondition in der Freien Folge zu fliegen, mit dem Hintergedanken, möglichst nichts zu schlagen. Daß dies doch hin und wieder passiert, soll später geschildert werden. Um den Vogel während dieser häufigen Folgen nicht fehlzuprägen, ihm also das Jagen gleichsam abzugewöhnen (man kann sehr wohl einen Habicht nur zum Folgen dressieren, genau wie man Falken nur aufs Federspiel dressiert – siehe Falkenhöfe), habe ich ihm schon zu Ende des ersten Fluges den Unterschied klarzumachen versucht, zwischen Jagen aus der Folge und „Lustfliegen" während der Folge. Sollte er – und wollte ich – jagen, haben wir, meist mit mehreren Personen unter dem frei folgenden Habicht, regelrecht Rabatz, also richtigen Treiberlärm (ich hatte ja keinen Hund) mit Has'-Has', Horax, Händeklatschen, Geschrei und Gejohle gemacht, während die Trainingsfolgen fast geräuschlos (nur hin und wieder mal ein Pfiff, ein kurzer Ruf) vonstatten gingen.

Das Gelände am nächsten Morgen war wirklich schwierig und viel unübersichtlicher als erwartet. Der Mais kurz vor der Ernte, die alten Spargelstrünke übermannshoch und gardinendicht, die Tabakpflanzen fast zwei Meter hoch. Ja, viel zu sehen gab's hier nicht.

Ich erläuterte meine Strategie (der Habicht folgt aus den hohen Randföhren, derweil wir mit dem Hund parallel zum Waldrand einen Streifen der Felder durchdrücken), vertraute auf die Taktik meines Habichts und ließ ihn frei.

Er strich etwa achtzig Meter entlang des Waldrandes, steilte dann raketengleich am Stamm einer Föhre hoch bis in die untersten Wipfeläste. Schon am Aufsteilen, am Annehmen eines Baumes läßt sich die Kondition eines Vogel erkennen.

Wir stellten uns aufgrund der Unübersichtlichkeit in etwa zehn Metern Abstand auf und gingen langsam los. Hin und wieder ein „Hopp", ein „Has'" – und „Maya", die führige Heidewachteline, stob rutewedelnd davon.

Noch keine zwanzig Meter gegangen, hörten wir schon vor uns Bellenklang. Im hohen Tabakfeld stand „Frigga" auf dem ersten Kanin. Was für ein Anfang!

Um meinen Vogel besser leiten und überhaupt etwas sehen zu können, beschloß ich, auf der schmalen Furche zwischen Feldern und Waldrand zu gehen. Dann wurde der Hund kurz laut, der Habicht ließ sich von einer Föhre fallen, um kurz hinter einem Kanin, welches ebenfalls den Wald-Feldrand-Paß annahm, in einen Angriffsflug überzugehen. Kurz vor dem Schlagen machte der Lapuz einen rechtwinkeligen Haken in den Mais, ein herrliches Ansteilen des Habichts, kurzes Verfolgen über den Mais, dann ein Rütteln, das einem Turmfalken alle Ehre gemacht hätte, und ein Abkippen über die Schwinge in den Maisdschungel. Kaninchen Nummer zwei!

Es folgten mehrere Fehljagden, bei denen es den Kaninchen immer noch rechtzeitig gelang, die überreich vorhandene und teilweise undurchdringliche Deckung anzunehmen. Für mich persönlich ein geradezu lustvolles Vergnügen, unter Zeugen miterleben zu können, wie aufmerksam, wie konzentriert, aber auch mit wieviel

Eine Beute, die keine war

„Jagdverstand" mein Habicht hoch droben in den Bäumen Anschluß hielt, unser Treiben verfolgte und je nach Situation und, ja fast möchte ich sagen: „Chancenabwägung" entweder einfach nur herabstarrte, sich umstellte, folgte oder herabstieß, um anzugreifen.

Einmal – er stand ganz hoch droben in einer Kiefer, als „Maya" aus dem Tabak Fasanen herausstieß – ließ er sich einfach in Form einer sanft geschwungen Kurve ohne einen einzigen Schwingenschlag fallen, wie es die Bussarde häufig praktizieren und ich schon annahm, daß er überhaupt nicht anjagen würde. Doch der Schwung aus dem hohen Baum reichte aus, auch ohne schwingenschlagende Beschleunigung unter die fortgockenden Fasane zu kommen. In Tabakpflanzenhöhe dann ein paar wuchtige Schläge, wie um anzuzeigen, jetzt mach' ich ernst, ein Aufsteilen in die Sonne, Blendung – dann sah ich nur mehr ein Federknäuel weit fort irgendwo zu Boden gehen.

Monate später, Anfang Februar, wieder zu Hause im „neu-heimatlichen" Revier in der Nähe von Augsburg, wanderte ich leise und schweigsam durch die winterlichen Lechauen und die vorgelagerten Föhrenwälder, gefolgt von meinem Vogel in hoher Kondition und begleitet von balzenden Bussarden hoch droben am Himmel.

Es war kein jägerisches Folgen mehr mit Sinn und Ziel nach Beute, eher ein Folgen und Fliegen aus Lust und Gewohnheit. Aber auch das ist Falknerei. Einfach aus Spaß und Freude am Falknern allein mit dem Vogel müßiggängerisch durch den Wald zu streifen und sich treiben zu lassen von Wind, Witterung, Intuition und – Freiheit.

Wenn mein Habicht hoch droben, mir den weißen Bruck zeigend, den Fang einzog, schob ich mich auch irgendwo ein, ihn zwar im Blick behaltend, aber ansonsten sich selbst überlassend, und las oder träumte.

So streiften wir stundenlang und kilometerweit durch die schätzungsweise 500 Hektar Wald und Wildnis und hatten unseren Spaß.

Schon auf dem Heimweg – Altvögel im vertrauten Revier fliegen gerne und häufig immer wieder dieselben Bäume und sogar Äste an – und ich mich so gut wie nicht um den Vogel kümmernd, hörte ich plötzlich im Bestand den von der Jagd vertrauten Bellenklang, der so einen ganz anderen Rhythmus gegenüber dem des eher gelangweilten Folgens und Anschlußhaltens hat. Kein Zweifel: Irgend etwas wurde am Boden angejagt. Schnell zur Stelle, kam ich dennoch zu spät, denn „Frigga" hatte einen Schwarzspecht geschlagen. Es war nicht der erste (und auch nicht der letzte), und dennoch habe ich mich darüber geärgert, auch wenn dies zwecklos ist und keinem mehr nützt.

Da stand ich nun mit meiner „Beute", die keine war.

Beim ersten Malheur dieser Art habe ich die Beute versteckt, vergraben und geschwiegen. Später habe ich mir gedacht – auch wenn dies nicht im Sinne der artenschutzrechtlichen Bestimmungen ist –, daß der Tod eines Tieres somit gänzlich sinn-

139

los sei. Dieser Schwarzspecht wurde ja nicht gejagt, er wurde von einem freifliegenden Habicht geschlagen – also überließ ich dem Vogel seine Beute.

Während er kröpfte, wurde mir klar, daß dieses für mich so bedeutsame Falknerjahr bestimmt eines der erfolgreichsten überhaupt sein würde. Dem war auch so. Und dies ist um so bemerkenswerter, als dieser Habicht im zweiten Flug schwer verletzt und kaum mehr überlebensfähig war. Unter anderem war eine Schwinge gebrochen oder angebrochen, und zeitlebens, wenn er direkt auf einen zuflog, sah man diese merkwürdig gekrümmte Verletzung. Behindert hat sie ihn anscheinend nicht. Wie überhaupt so ein Habicht – auch (oder gerade deswegen?) unter falknerischen Bedingungen und häufigen jagdlichen Einsätzen – äußerst vital und robust ist: Trotz verletzter Schwinge, trotz Verstoßens, trotz gebrochener Fangklaue (schräg verlaufender Bruch zwischen erstem und zweitem Glied) und trotz mehrfachen und intensiven Umzugs- und Gastjägerstresses konnte mit diesem Vogel bis zu seinem Tod im neunten Flug sehr erfolgreich gebeizt werden.

Als ich Jahre später – „Frigga" war, wenn ich mich recht erinnere, im siebten oder achten Flug – auf einer Ordenstagung in der Pfalz mit ihr in dichtesten Spargelfeldern von einer Warte (einem Walnußbaum) aus innerhalb kürzester Zeit fünf Kaninchen beizte und alle anderen Habichte in dem dichten Zeug nicht zurechtkamen, als ich verwundert, achtungs-, aber auch neidvoll auf meinen überragenden Vogel und dessen Erfahrung mit Spargelfeldern und der Freien Folge allgemein angesprochen wurde, da konnte ich nicht viel antworten, denn ich hätte etwas taktlos (und vielleicht oberlehrerhaft) allen sagen müssen, daß man auch mit einem guten Habicht viel üben und ihn vielseitig einsetzen muß; nur dann wird aus ihm das, was unsere Altvorderen schon lange wußten: einer der einsatzfreudigsten, vielseitigsten und effektivsten Beizvögel in deutschen Landen. Dem habe ich nichts hinzuzufügen!

Die Jagd mit dem Falken von der Faust und aus dem Anwarten

Schon relativ früh – ohne das manchmal etwas allzulange Prozedere des Beizvogelappells – hatten wir uns in die Reviere begeben, denn die „Wetterfrösche" hatten Regen angesagt, und alle Indizien ließen darauf schließen, daß sie recht behalten würden, was nun gar nicht in unserem Sinn war. Es war auch so schon ungemütlich genug: trübe, feuchtkalt und windig, fast stürmisch.

Wir waren eine gemischte Gruppe mit fünf Habichten und einem Saker, alles Faustvögel. Bis auf einen Habicht hatten bis kurz vor Mittag schon alle Habichtler Erfolg auf Kaninchen, als es zu regnen anfing. Der Falkner mit dem kräftigen, schönen, „erhaben" und unverkappt auf der Faust stehenden Saker ließ seine Freundin einen überdimensionalen grünen Regenschirm aufspannen, um sich und seinen Vogel trocken und damit einsatzfähig zu halten. Für einen in „preußischem Sinne" erzogenen Falkner ist dieser Anblick etwas gewöhnungsbedürftig – hier der „stolze", über den Dingen stehende (Halb-)Edelfalke, dort der vor dem Regen „sich drückende" Falkner – doch der Erfolg und das Wohl des Vogels heiligen die Mittel. Saker und feuchtkaltes mitteleuropäisches Winterwetter passen ohnehin nur schwer zusammen.

Während einer Jagdpause, in der wir in einem alten Viehschuppen vor den Unbilden des Wetters Unterschlupf gefunden hatten und zur Entscheidung gelangten, daß ein Abbruch der Jagd doch wohl das beste wäre, machte der Sakerfalkner ein langes Gesicht. Nein, wir könnten getrost nach Hause gehen, er aber wolle weiterjagen und sein Glück versuchen. Zu zweit haben wir ihn dann, immer wieder Pausen zwischen den Regenschauern nutzend, begleitet.

Er schlug vor, es auf einen der vielen kleinen Krähenschwärme zu versuchen, denn auf dieses Wild sei sein Saker spezialisiert. Mit zwei Wagen fuhren wir die uns zugewiesenen Reviere ab und entdeckten einen Acker mit frisch ausgebrachtem Mist, der die schwarzen Gesellen anscheinend magisch anzuziehen schien und obendrein für unser Vorhaben geeignet war, denn bis auf ein kleines Feldgehölz war weit und breit nur Acker – nämlich Münsterland.

Das Ziel erkannt, der Plan wie folgt: Über Wind sollte sich der Wagen mit dem Falkner möglichst weit annähern, derweil das andere Auto in einem weiten Bogen jenseits des Mistackers in der Nähe des Feldgehölzes Position beziehen sollte, um notfalls eingreifen, zumindest aber das Geschehen und den Falken beobachten zu können.

Der Regen hatte nachgelassen, der scharfe Wind schien eher noch zuzunehmen. Etwa dreihundert Meter vor dem auf dem Felde suchenden, streitenden und flat-

ternden etwa 40 bis 50 Stück starken Schwarm stieg der Falkner aus dem Wagen und hielt seinen Vogel in den Wind.

Die Krähen schienen noch nie mit einem Beizvogel bejagt worden zu sein, denn erst mit einer gewissen Verzögerung versuchten sie lärmend, panisch und ungeordnet vor dem in geradem Steigflug angreifenden Falken Höhe zu gewinnen.

Eine sehr hoch fliegende Krähe machte kehrt und kam mit atemberaubender Geschwindigkeit (unter Wind) zurück, direkt in Richtung anfliegender Saker, der sie jedoch ignorierte. Er stieg weiter. Es sah nicht schnell aus, jedoch stieg er rascher als der Schwarm, der sich zunehmend ausbreitete.

Eine Krähe hatte sich geringfügig abgesondert, wahrscheinlich, um das Wäldchen zu erreichen. Dies genügte dem Saker „zur Entscheidungsfindung", denn nun griff er aus der Überhöhung in flachem Steilstoß an. Wie ein Stein fiel die Krähe, und im letzten Moment konnte sie sich dem Falken entziehen, der, wind- und geschwindigkeitsbedingt, gewaltig und rasant aufsteilte, über die eine Schwinge abkippte und erneut zum Stoß ansetzte. Es war ein herrliches Bild, diesen creme-ocker-braun-farbenen Greif vor den schiefergrauen dunklen Wolken jagen zu sehen.

Mit dem zweiten Stoß, der lange nicht so rasant, eher verhalten und kontrolliert wirkte, schlug er die Krähe an. Sie geriet regelrecht ins Trudeln und überschlug sich mehrfach. Im abermaligen, nun flacheren Aufsteilen schaute der Beizvogel „falkeneigentümlich" über die Schulter, ein erneuter kurzer Stoß, mehr ein Fallen und Einschwingen, und kurz vor den ersten Bäumen angelte er sich den „schwarzen Wisch" förmlich aus der Luft. Rasch waren wir im Auto und fuhren über vermatschte, seifige Feldwege in halsbrecherischem Tempo zum Falken, der auf der leblosen Krähe stand und bereits angefangen hatte, sie vom Brustgefieder her zu rupfen.

Wir waren so im Banne des Beizgeschehens, daß wir die sich über unseren Köpfen schwarmweise sammelnden Rabenkrähen nicht bemerkten. Mehrere hundert Vögel wirbelten hoch droben vor den dunklen Wolken im Sturm und erinnerten mich an flatternde schwarze Kopftücher trauernder alter Frauen.

Da der Beizvogel ohnehin naß und leicht verschmutzt war und es obendrein erneut heftig zu regnen begann, wurde der Falke aufgeatzt und die Jagd vorerst beendet.

Auf der Heimfahrt im Wagen erzählte mir der Falkner, daß er mit diesem „Krähenspezialisten" auch schon Fasane und sogar Kaninchen gebeizt habe, der Vogel nach mehreren Fehlstößen selten irgendwo aufbaume, sondern fast immer über dem Falkner ringhole, um aufs Federspiel beireiten zu können, und er überhaupt ein sehr persönlicher, ungemein locker Vogel sei. Meine Achtung und mein Respekt vor dem Saker, den ich immer irgendwie fälschlicherweise – weil klischeehaft – als „Exoten" betrachtet hatte, wuchs.

Morgens hatten wir: richtigerweise ein Freund von mir, denn ich fungierte nur als Hilfsfalkner und Beobachter, den Steinadler geflogen, und nun, nachmittags, so ge-

gen 14 Uhr, wollten wir es mit dem „Wander" – einem Anwartewanderfalken – gleich in der Nähe des Wohnhauses auf Fasane versuchen.

Trockene, klare Luft, weißblauer Himmel, Altweibersommer, vereinzelt Kartoffeln erntende Bauern auf den Feldern; es riecht nach Erde, Most und verbranntem Kartoffelkraut – eine Stimmung, die nicht nur Falkner unruhig werden läßt.

Doch ganz so euphorisch, wie sie sein sollte, ist die Stimmung nicht, denn dies ist auch ausgesprochenes Schweimwetter, und wenn es nicht gerade das heimische Revier direkt vor der Haustür wäre, würde der Freund den Falken „nicht steigen lassen", obwohl er, wie er nicht müde wird, zu betonen, ihn täglich zweimal fliegt.

Weit vor uns – auch der Vierläufer kennt Wunsch und Weg schon – reviert der Vorstehhund, doch dort, wo wir Fasane vermuten, so zwischen Feld, Schilf und Wiesen, arbeiten die Bauern auf dem Feld. So wenden wir uns den feuchten Wiesen zu, die schon mehr Auen mit eingesprenkelten Busch- und Baumgruppen denn Weideflächen sind.

An einem Busch, einer verfallenen Fasanenschütte, steht der Hund vor. Der Freund zieht die Langfessel durch die Drahle, entfernt sie mit drei Fingern routiniert aus den Geschühenden, entkappt geschickt und flüssig den Falken und hängt sich die Haube wie ein Amulett vor die Brust. Der Falke schüttelt und, in den Wind gestellt, erhebt sich – um in eine ganz andere Richtung zu fliegen. In einem weiten Bogen strebt er dem entfernten Wald zu, als habe er mit der ganzen Sache Hund und Jagd und Wild nichts im Sinn.

Dort, über den Bäumen, beginnt er mit flachem Schwingenschlag zu kreisen, und die Thermik trägt ihn hinauf, als wolle sie ihn der Erde entziehen. Doch in großer Höhe, fast nur als Punkt mit bloßem Auge noch zu sehen, befreit er sich vom Rausch des Steigens und kommt in unsere Richtung geflogen. Der Hund steht immer noch.

Dies ist es, was den Falken, besonders den Anwartefalken („…der Vogel, den die Herren loben…", R. M. Rilke) von anderen Beizvögeln unterscheidet, ihn adelt, ihn edel erscheinen läßt: Er greift nicht, wie der Habicht, beutegierig, draufgängerisch, wüst, brutal an, nein: sich seiner Stärke, der Flugkunst, bewußt, kann er es sich erlauben, Hund und Falkner stehen und das Wild „liegen" zu lassen, um erhaben, abgehoben in des Wortes wahrer Bedeutung und seiner Art gemäß, sich Luft, Wind und Raum unter die Schwingen zu holen.

„Wenn er direkt über uns ist, sag Bescheid…", entfernt sich der Freund und geht auf seinen Hund zu. Etwa dreißig Meter auseinander stehen sie sich direkt gegenüber und schauen sich wie hypnotisiert an. Über uns hängt der Falke fast unbeweglich im in der Höhe anscheinend kräftigeren Wind.

„Jetzt!"

Der Hund springt ein, und nicht ein Fasan, sondern eine Kette Rebhühner geht purrend flach ab. Im fallenden, reißenden Sturzflug kurz beschleunigend, schießt der Falke mit angelegten Schwingen herab und hinterher. Mit einem sirrenden Pfei-

fen schwingt er sich in die Flugbahn des letzten Huhnes ein, verschwindet, steilt in einer grandiosen, teilelliptischen Bahn wieder auf, schaut über die Schulter zurück – und beginnt in Kreisen und Schleifen wieder zu steigen.

„Na, Gott sei Dank!" ist der Freund erleichtert, denn er will nicht, daß der Falke Hühner schlägt, weil diese für ihn zu schwaches Wild sind, welches er leicht leiten könnte.

Über einen Kilometer ist der Falke nun entfernt, und der Freund schwingt aus Angst vor feldernden Haustauben das Federspiel, welches der weiterhin langsam stetig Steigende offensichtlich ignoriert.

Im Glas erkennen wir jetzt, daß er in einem langgestreckten Angriffsflug direkt auf uns zukommt, ohne daß wir entdecken können, was er überhaupt anjagt, denn das flache Gelände ist doch leicht wellig. „Kiebitze!", ruft der Freund, ohne das Glas von den Augen zu nehmen. Und jetzt seh' ich es auch. Mindestens fünf Kiebitze treibt der Falke unter Wind vor sich her auf uns zu, als suchten sie ausgerechnet bei jenen Schutz, die ihren Jäger haben steigen lassen. Ungewöhnlich, denn meist steigen sie vor dem anjagenden Falken. Wie durch Steinschlag zu Tal sausende Brocken kommen die schwarzweißen Watvögel wuchtig angeschossen und spritzen förmlich auseinander, als das schnellere, sirrende, pfeifende „Geschoß" mit dem markanten Backenbart fast auf unserer Höhe wie ein Ungewitter zwischen sie fährt.

Alle fünf werfen sich klatschend irgendwo in die nassen Wiesen, und der „Wander" steilt auf, als wolle er den weißblauen Himmel stürmen. Ich stehe noch ganz fasziniert da und kann das eben Erlebte weder fassen noch erklären, da hat der Freund schon das Federspiel heraußen, auf dem der Falke, in zwei großen Schleifen herniederkommend, einfach einschwingend beireitet.

Oft jagt er, so erzählt der Freund, während sich der Falke auf dem Federspiel aufatzt, die Kiebitze nur spielerisch an, und diese scheinen es zu wissen, verhalten sich entsprechend und zeigen fast keine Scheu. Doch manchmal, so erst letztes Jahr, Anfang März, da hat er den ersten geschlagen.

Links oben: Der Anwartefalke wird nicht geworfen, sondern „in den Wind gestellt", bis er sich aufschwingt, um...
Rechts oben: ...zu steigen...
Mitte links: ...und in Schleifen und Kreisen Höhe zu gewinnen...
Mitte rechts: ...und immer noch höher zu steigen...
Links unten: ...um über Hund und Falkner Ring zu holen,
Rechts unten: ...abzukippen,

Bei den Anwartefalknern gehen die Uhren anders. Sogar auf Falknertagungen kann noch so stichhaltige Überredungskunst sie nicht überzeugen, zu einer bestimmten Zeit mit ihren Vögeln zu jagen. Wind, Wetter und Waage einerseits und Lüftungsmöglichkeit, Badezeit, kurz Biorhythmus des Vogels andererseits – aber auf gar keinen Fall die Uhr des Falkners bestimmt die Zeit des Ins-Revier-Gehens. Und so ist es nichts Ungewöhnliches, wenn die ersten Falkner mit vier Stück Beizwild in der Falknertasche oder im Rucksack mit aufgeatzten Vögeln und schmutzigen Stiefeln bereits wieder heimwärts schlendern, derweil sich die Herren (und Damen) Anwartefalkner erst auf den Weg ins Revier machen. Ähnlich wie man ja Herr und Hund nachsagt, daß sie im Laufe der Zeit einander immer ähnlicher werden, so ungefähr scheint es auch bei den Anwartefalknern zu sein, die vom Adel ihrer Schützlinge ein klein bißchen aristokratisches Getue mitbekommen zu haben scheinen – nicht immer, aber immer öfter.

Eben diese Tatsache nutzte ich, geschwind meinen Habicht abzustellen, die vier Kaninchen zu versorgen und abzugeben und mich der soeben ausziehenden Falknergruppe als Zuschauer anzuschließen. Damals hatte ich noch keinen „Draht" zu den Falken – doch beeindruckend war und ist die Anwartefalknerei schon, und man sollte sich keine Gelegenheit entgehen lassen, dabei zu sein.

Von ferne schon hatte der begleitende Jagdaufseher eine Kette Hühner in die Rüben einfallen sehen, und der „Herr Gruppenleiter" empfahl, den ersten Falken – einen Lanner – steigen zu lassen, um dann mit vereinten Kräften (der gesamten Gruppe nebst Zuschauern) und seinen zwei Münsterländer Vorstehhunden die Kette zu heben. Dem angesprochenen Falkner (und auch mir) paßte dies gar nicht, doch ich war nicht gefragt, und er fügte sich ob der „Prominenz" ins Unvermeidliche.

Der Falke stieg – ich hatte den Eindruck, etwas „orientierungslos" –, die Korona umstellte den Rübenacker, und ich blieb „etwas verschnupft" auf dem Weg, um das Geschehen in Gänze aus der Ferne zu betrachten.

Links oben: ...um aus großer Höhe den Steilstoß (Tropfenform),
Rechts oben: ...oder aus mittlerer Höhe den etwa im 45-Grad-Winkel angesetzten Schrägstoß anzusetzen,
Mitte links: ...um sich hinter dem Deckung suchenden Fasan einzuschwingen
Mitte rechts: oder diesen niederzuschlagen...
Links unten: ...und durch den Schwung noch eine Strecke fortzutragen.
Rechts unten: Dann stehen wir vor ihm, dem erfolgreichen Jäger, und sind gleichermaßen stolz, gebannt, erstaunt, beeindruckt. Ob passionierter Falkner, neugieriger Naturfreund oder gar Jagdgegner: Der gerecht geflogene Anwartefalke läßt niemanden kalt – zu aufregend ist das alles! (Fotos: Verfasser.)

Immer noch hatte ich den Eindruck, als suchte der Falke, der nicht besonders hoch stieg, den vorstehenden Hund, denn der Falkner wies ihn teils mit Rufen, teils mittels Federspiels ein, um über die Hühner zu kommen, von denen niemand genau wußte, wo sie lagen. Dies war nun wirklich keine Vorzeige-Anwarterei, geschweige denn eine Schau und mitnichten die Hohe Schule der Beizjagd.

Als der Lanner in kleineren Kreisen direkt über dem Acker ringholte, gab der Gruppenführer der Korona und seinen Hunden das Kommando, was alle zu einem lärmenden, hüpfenden (das Rübenkraut war naß) Einspringen veranlaßte. Von der Ferne sah das recht putzig aus.

Immer enger schloß sich der Kreis, immer lauter und hektischer wurde das „Treiben".

Erst eines, dann noch eines, dann der Rest und größte Teil der Kette „spratzten" in alle Richtungen davon. Ich sah den Falken abkippen, steilstoßend anjagen und dann nicht besonders schneidig – oder soll ich sagen: lustlos (?) – aufsteilen. Nein, er hatte eigentlich keine reelle Chance.

Mit dem Anwarter jagen heißt immer, in Abstimmung, besser: in Harmonie mit Falkner, Vogel und Hund. Wenn aus diesem Trio einer ausfällt oder versagt, wird aus Kunst Krampf!

Die Gruppe sammelte sich, der Falkner holte nach einigen Versuchen mit dem Federspiel seinen Vogel ein, und nun, da es „mit Hühner nicht besonders gut aussah", sollte auf Vorschlag des „Herrn Gruppenleiters" der nächste Falke sein Heil versuchen, denn schließlich hatte man sich gemerkt, wo die Hühner eingefallen waren.

Ich konnte mich nur noch abwenden.

Der Falkner tat mir leid. Als ich ihn ansprach, weshalb er denn nicht allein mit seinem Hund die Hühner angegangen sei, bekam ich zur Antwort, daß er gar keinen Hund habe – siehe oben.

Was ich vermutet und befürchtet hatte, trat ein: Weder fand man die Hühner noch ließen sie sich unter dem nächsten Falken ein zweites Mal heben.

In mir köchelte kaum zu unterdrückender Ärger hoch (und der „preußische Perfektionist" kam durch), denn wenn man jägerischer „Prominenz" die Kunst, mit dem Falken zu jagen, vorführen will, müssen vermeidbare Unzulänglichkeiten minimiert werden – unvermeidbare Zwischenfälle gibt es auf der Jagd ohnehin genug.

An einem vielversprechenden Senfacker wollte und sollte ein Falkner mit einem Luggerfalken von der Faust auf Hühner zum Einsatz kommen. Sein dunkelbrauner Pudelpointer suchte auch gut, und als er vorstand, entkappte er seinen Falken und brachte sich und seinen Vogel in Position. Es wurde spannend. Als der Hund auf Pfiff einsprang, explodierte – optisch und akustisch – der Acker vor dem Falkner. Es war ein ungemein dynamisches, unglaublich aktionsgeladenes Bild, den werfenden Falkner vor den aufsteigenden Hühnern und dem einspringenden Hund zu sehen.

Auch das Anjagen selbst sah gut aus und versprach Erfolg; die Hühner jedoch, zu

fortgeschrittener Jahreszeit, waren auch nicht ohne und hatten in dem deckungsreichen Zwischenfruchtgelände die besseren Chancen.

Als auf Intervention des Falkners diese Kette – wie es sich gehört – in Ruhe gelassen wurde, war ich mit dem Geschehen wieder einigermaßen versöhnt.

Ganz zum Schluß, schon in hereinbrechender Dämmerung, meldete sich ein Falkner zu Wort, der sich die ganze Zeit in der Kunst des Zurückhaltens geübt hatte. Er wolle „nur so zum Spaß" und weil sein Wanderfalkenterzel „erst immer abends munter wird", sein Glück noch rasch auf einem kleinen Kleeacker in der Nähe des Dorfes versuchen.

Die Suche seines Pointers allein war eine Augenweide und die weite Reise wert. Als er, sich in Schleifen und Kreisen Wind holend, dann vorstand, bereitete der Falkner in aller Ruhe und Gelassenheit seinen schönen Terzel vor und übergab ihn dem leichten Abendwind. Keine Hektik, kein Krampf, kein Gewürge und Gezerre, dafür Stimmung, Ausgeglichenheit, Harmonie und Professionalität bestimmten plötzlich Szene und Bild. Und dies war bei aller Augenscheinlichkeit auch dem Laien klar.

Der Terzel stieg und stieg, und manchem Jäger kamen Bedenken auf, Zeuge des Verlustes eines wertvollen Beizvogels zu sein, wenn, ja wenn nicht der Falkner die Ruhe selbst gewesen wäre.

Der Terzel war hoch, aber noch mit bloßem Auge als „Schwälbchen" zu sehen. Wieder einmal wurde mir bewußt, wie schwierig es doch ist, ohne Vergleich, ohne Anhaltspunkt so in den Himmel hinein Entfernung und Höhe zu schätzen.

Der weißschwarze „Engländer" stand und stand wie aus einem Guß.

Der Blick des Falkners ging vom Vogel zum Hund und vice versa – für den fernen Betrachter sah es aus, als nicke er permanent.

Drei Einzelkönner bildeten ein Team, das ist Anwarterei!

Dann hob er die Hand und rief, nein, schrie ich weiß nicht was, aber es war ein urgewaltiger Jagdschrei, der im Bruchteil einer Sekunde folgendes gleichzeitig bewirkte: Der Hund sprang ein und lag, die Hühner purrten auf und ab, der Terzel beschleunigte im rasanten Steilstoß und fiel, nein jagte, nein schoß auf die Hühner herunter. Ein ganz kurzes Einschwingen, von mir vor dunklem Hintergrund kaum zu erkennen, und dann gleichzeitig ein klatschendes Niederschlagen, verbunden mit einem leiseren „Urschrei" des Falkners, den ich als „Hat" oder „Paßt scho" zu verstehen glaubte.

Es war ein wundervoller Flug und ein gewaltiges Erlebnis, das uns für den verpatzten Beginn der Jagd voll versöhnte.

Auf die Frage, ob er denn eine Erklärung dafür habe, weshalb sein Terzel erst gegen Abend munter werde, antwortete er schlitzohrig grinsend und nun, ob des grandiosen Fluges seines Beizvogels gar nicht mehr zurückhaltend:

„Na klar, weil dann keine Tauben mehr unterwegs sind."

Die Beizjagd

Der Anwartefalke
(Wolfram Martin)

Von des Falkners Faust gehoben
Ist er wieder aufgestiegen,
Schwingt, wie um sich auszutoben
Aus unbändiger Lust am Fliegen.

Schweimend auf des Windes Wellen
Trägt's ihn in des Äthers Höhen,
Nicht zu hören sind die Bellen,
Nur als Punkt ist er zu sehen.

Wie aus Marmor steht im Felde
Das bunte Windspiel ganz entrückt
Und deutet in des Stoppels Gelbe
Auf ein Volk, das sich dort drückt.

Über Felder, Wiesen, Weiten
Wartet er in Windes Höhen,
Hängelnd dort für alle Zeiten,
Bis die Hühner luftwärts gehen.

Ein mächt'ger Satz in Volkes Kette
Mitten in die kleine Schar,
Purrend flüchtet um die Wette
Das muntere Volk Agricolar.

Im Steilstoß noch mit harten Schwingen
Schießt er schwungvoll sich hernieder,
Jetzt hört man der Bellen Singen
Und die Erde hat ihn wieder.

Auf das flücht'ge Feldhuhn schlägt
Wie aus einer anderen Welt
Der Falke, und wie ein Komet
Aus Federn, es getroffen niederfällt.

Er kappt ihn auf, und auch das Hühnchen
streichelt er mit sanfter Hand,
und ein braunes Federblümchen
ziert des edlen Fliegers Band.

Mit dem Adler im Revier

Sosehr mich die mächtigen Steinadler faszinieren – ihre Stärke, ihre Kraft, ihr Aussehen, ihre Ausstrahlung, ihr Wesen –, nie habe ich zu ihnen jenen Zugang gefunden wie zu Habicht oder Wanderfalke. Obwohl ich weiß, daß sie viel mehr zur Persönlichkeitsbildung neigen, zu „ihrem" Falkner ein viel persönlicheres Verhältnis entwickeln als alle anderen Beizvögel, so habe ich im Umgang mit ihnen unterschwellig und nicht begründbar immer das Gefühl, daß ihr Lockesein sehr distanziert ist und ich in ihrer Umgebung, in ihrem Leben nur vorübergehend geduldet bin. Hinzu kam, daß mich ihre ersten Jagdflüge nicht beeindruckten und ich ihre Stärke im Flug erst (und leider Gottes) auf Falkenhöfen schätzen lernte, wo sie dann wirklich eindrucksvolle Flugkunst im Aufwind von Burgruinen und im Hangwind von Schloßmauern zeigten, doch dies war ja keine Jagd.

Wie immer, wenn die innere Einstellung des Falkners zum Vogel schon nicht stimmt, habe ich mich stets sehr schwer getan mit der Einstellung der Kondition und bin letztlich – schon sehr früh – daran gescheitert, ohne daß mir dies sehr leid getan hätte; ich bin nun mal kein Adlermann. Und noch eines sei hinzugefügt: Zur damaligen Zeit, als ich meine „prägenden" Begegnungen mit der Falknerei hatte, gab es mit Abstand nicht so gute und erfahrene Falkner mit dem Steinadler wie heute.

Zu dritt marschieren wir mit zwei Habichten und einem Steinadler in unseren zugewiesenen Revierteil, um nach Has' und Kanin und eventuell Fuchs (für den Adler) Ausschau zu halten. Plaudernd verlassen wir den kleinen Ort, erreichen den Dorfrand, die vorletzten Häuser und den letzten größeren Hof, um nun, in den Feldern mit vereinzelten Bäumen und Buschhecken, unsere Beizvögel für die Jagd zu entschirren. Feldraine und Böschungen abklopfend, entfernen wir uns immer mehr vom Ort und sind eigentlich guter Dinge, wenn nur endlich der erste Hase auszumachen wäre.

„Dort, ein Hase…!" In einer Furche sitzt ein Löffelmann im Pott, und einstimmig entscheiden wir schnell, daß der Adlerterzel als erstes zum Einsatz kommen soll. Immer wieder das gleiche, uralte doch immer wieder spannende Ritual des Sich-in-Position-Begebens. Zwanzig Meter hinter dem Hasen steht der Falkner, hebt den Arm, zischt und schnalzt dem Adler Aufmerksamkeit und Konzentration zu, und ein lauter Ruf läßt den so in seiner sonnigen Sasse Bedrängten fluchtartig das Panier ergreifen. Mit gewaltigem Schwung wird der große Beizvogel hinterhergeworfen.

Der Vorsprung des Hasen ist schon groß, und so, im flachen Feld, ist dies alles gut zu beobachten, doch der Adler holt, obwohl es, oberflächlich gesehen, nicht so ausschaut, rasch auf. Als er mehrere Meter hinter dem Hasen ist, macht dieser eine Flucht, einen Haken nach rechts, und der Adler nicht einmal den Versuch des Ver-

folgens. Ohne Schneid, ohne Beutewillen, fast gelangweilt dreht er nach links ab und fliegt flach über die Felder.

„Was macht er denn jetzt?" fragt der „graue Alte" mehr sich selbst als uns. Und der Adler fliegt und fliegt und fliegt Richtung Dorf. Längst haben wir die Ferngläser im Gesicht. Direkt auf den letzten Hof fliegt der riesige dunkelbraune Beizvogel zu, und uns schwant nichts Gutes. Vor dem Hof ein gewaltiges Aufsteilen geradewegs übers Dach und dann ein schneidiges Abkippen. Im Laufschritt humpelt, hechelt und hechtet der „graue Alte" über die Felder – ebenfalls Richtung Hof.

Wir zwei Habichtler schauen einander an. Was sollen wir tun? Warten? Weiterjagen? Wir entscheiden uns für die Kameradschaft, und strammen Schrittes folgen wir dem ungleichen Paar vor uns – gleichfalls zum Hof hin.

Um die Scheunenecke biegend, offenbart sich uns ein Bild, wie es skurriler nicht sein kann: Vor einem riesigen Misthaufen im (zum Betrachter offenen) Halbkreis versammelt Bauer, Bäuerin, Kind und Knechtschaft; davor, quasi als Mittel-, Schwer- und Fixpunkt, eine gansweiße Federfläche, in und auf der ein fast schwarz wirkender Adler abwechselnd „schwanenhalsig" mantelt, rupft und knetet, umrundet von einem kopfschüttelnden Falkner.

„Kann ja mal passieren", jammert die Bauersfrau, „aber bezahlen müssen Sie uns die Gans."

Als wir bei aller Tragik und allem falknerischen Mißgeschick erkennen, daß die Landleute dies als unabänderliche „höhere Gewalt" ansehen, können wir nur noch lachen.

Die Gans bekam der Bauer für den Kochtopf, das Geld für den Schrecken und die lobenswerte Einstellung, und wir, als der „graue Alte" meinte, daß wir doch wohl selbst schuld wären, einen roten Kopf. „Ja", sagte er zur Erklärung und Klarstellung, „als wir vorhin hier vorbeigegangen sind, da haben wir die Gänse genauso gesehen wie der Adler auch. Nur: Wir haben dies nicht verinnerlicht – und er hat sich daran erinnert!"

Daß ein Steinadler Aversionen gegen einen bestimmten Menschen entwickelt, ist bekannt, kommt immer wieder mal vor und ist teilweise nachvollziehbar. Irgendwie wurde er einmal geärgert, verprellt, vielleicht ist eine bestimmte Handlung unbewußt Auslöser und Anlaß für eine derartige Abneigung, die durchaus in Aggression umschlagen, ja, sich in einem regelrechten Angriff entladen kann.

Doch nicht nur Adler entwickeln solch ein lästiges Verhalten. In einem Privat-Falkenhof gab es einen freifliegenden Mäusebussard, der anfangs zahm und vertraut gegenüber jedermann war. Dann attackierte er den Briefträger so vehement, daß sich die Post weigerte, Briefe zuzustellen. Etwa ein Jahr später wurde dieser Bussard, der übrigens ein kapitales Exemplar der Gattung Buteo war, auch aggressiv, ja bösartig gegenüber allen fremden Personen und mußte mittels Langfessel auf den Block gestellt werden.

Aggressionen äußern sich aber nicht nur gegenüber Menschen, sondern übertragen sich auch auf Tiere, manchmal sogar auf ihresgleichen. So ist mir ein Steinadler bekannt, der immer den zum Haus gehörenden Esel attackierte. Letztlich mußte dieses arme friedliche Grautier, wann immer der Adler frei war, eingesperrt werden. Weshalb und wieso der Esel unter dem Adler zu leiden hatte, konnte nie geklärt werden.

Gewisse „Unstimmigkeiten" zwischen einem Beizhabicht und einem Steinadler waren uns bekannt, wie wir des öfteren anläßlich gemeinsamer Wagen- oder Bahnfahrten mit unseren Vögeln bemerkten. Doch während des Beizjagdbetriebes, wo ja ohnehin immer nur ein Vogel frei ist (sein sollte), hatten wir bisher noch keine Probleme bemerkt. Bisher.

In weit auseinandergezogener Linie bewegten wir uns hasen- und fasanenjagend in einer gemischten Gruppe mit einigen Habichten und zwei Steinadlern über Felder, Wiesen, Weiden und Heide. So gemischt unsere Gruppe, so abwechslungsreich war die landwirtschaftlich genutzte Heidelandschaft. Eigentlich sollte es wirklich nur auf Hasen und Fasane gehen, denn die Myxomatose hatte unter der grauen, grabenden Sippe doch arg gewütet, und es galt, den Besatz wieder sorgsam heranzuhegen.

Die beiden Adler hatten sich etwas entfernt und bevorzugten offeneres Gelände, derweil wir mit unseren Habichten mehr entlang von Büschen, Hecken und Waldrändern suchten. Ein Habicht unserer Gruppe wurde an einen Hasen geworfen, jagte auch scharf an und konnte schlagen, jedoch nicht halten, da er im Gebüsch abgestreift wurde. Bevor nun der Habichtler seinen Vogel aufnehmen konnte, hatte dieser sich in einem Baum eingestellt und jagte, wie wir vermuteten, erneut den – oder einen anderen – Hasen für uns nicht mehr einsehbar an.

Dies spielte sich fern von den Adlermännern ab, als dort ebenfalls ein Hase hochgemacht und der Adler geworfen wurde. Dieser Adler nun jagte überhaupt nicht an und verschwand für seinen Falkner „irgendwo in Wald und Busch".

Wir von der Habichtgruppe sahen diesen Adler, über unsere Köpfe streichend, Richtung anjagenden Habicht fliegen. Kaum daß sich ein ungutes Gefühl in der Magengegend festsetzen konnte, hörten wir aus dieser Richtung Gekreische und hektisches Bellengeläut – dann Stille.

Die in der Nähe Stehenden – ob mit oder ohne Vogel – stürzten durchs Dickicht in Erwartung eines Unglücks und in der Hoffnung, gerade noch rechtzeitig zu kommen. Gemeinsam traten der betroffene Habichtler und ich an die Zweikampfstätte. Habicht und Adler hatten sich gegenseitig jeweils mit einem Fang am Hals und in den Fängen. Zu dritt, mit Falknertaschen und -handschuhen, entwirrten und entkrampften wir die einander haltenden und immer noch giftig aufeinander losgehenden ungleich großen Beizvögel. Wie durch ein Wunder stellten wir bei beiden keinerlei ernsthafte Verletzung fest.

Die nachträgliche Rekonstruktion des Vorfalls ergab, daß der Habicht von seiner Warte aus ein Kaninchen angejagt und dieses auch geschlagen hatte (wie wir erst hinterher in der ganzen Aufregung feststellten), als er von dem Adler (seinem „Intimus", der, wie sein Falkner bestätigte, die ganze Zeit nur Blick und Interesse für den Habicht, nicht aber für Hasen gehabt hatte) plötzlich angejagt und ebenfalls „gebunden" wurde.

Seit diesem Tag konnte mit beiden Vögeln nie mehr gemeinsam gebeizt werden, da einer den anderen auch auf der Faust zu attackieren versuchte.

Beizjagd in den hasenreichen Revieren entlang der Donau bei Deggendorf (Niederbayern). Ich schließe mich – ohne Vogel – einem Freund an, der seinen Steinadlerterzel aus der Haube heraus auf Hasen fliegt.

Diese weiten, offenen Wiesenflächen mit vereinzelten Bäumen und kilometerlangen, etwa fünf bis acht Meter hohen Deichen sind ein geradezu ideales Terrain für den Adler. Der jeweils Werfende bewegte sich auf dem Deich vor der in Linie über die Wiesen vorrückenden „Treiberwehr" und hatte so, aus der Überhöhung und über Wind, nicht nur einen guten Überblick, sondern im Fall des Werfens auch sofort Wind unter den Schwingen seines Adlers.

Bis die Treiberwehr Aufstellung genommen hatte, konnte ich den Freund beobachten, wie er in Ruhe, doch angespannter Gelassenheit seinen Adler vorbereitete, die Langfessel durch die Drahle zog und sie sich mit einer eleganten Schleife am Umhängeriemen der Falknertasche befestigte. Dann löste er, für einen Außenstehenden fast unbemerkt, die Drahle von den Geschühenden und zog als Sicherung die Spitze der Langfessel wieder durch die Geschühschlitze. Er streichelte kraulend seinem Adler das Brustgefieder, fühlte – obwohl dies gar nicht nötig war, da war ich mir sicher – eher routinemäßig die Kondition und lockerte mit der rechten Hand und den Zähnen den Verschluß der Haube, die er, als die Treiber sich in Bewegung setzten, dem Vogel abnahm.

Links oben: Auch mit dem Adler spielt sich die Beizjagd nicht selten in sogenannten „Nischen", also in Stadtnähe, auf Industrieanlagen usw., ab. Dies erfordert vom Beizjäger mit dem Adler ein hohes Maß an Verantwortungsgefühl.
Rechts oben: Der Steinadlerterzel jagt scharf einen Hasen an...
Mitte links: ...dieser schlägt in seiner Not einen Haken, der Adler überschießt...
Mitte rechts: ...jagt erneut an – der Hase hat keine Chance mehr.
Links unten: Mantelnd steht er über dem gebundenen Hasen.
Rechts unten: Dem robusten, kräftigen, starken und dennoch sensiblen Adler einen geschlagenen Hasen abzunehmen, erfordert viel Einfühlungsvermögen und Fingerspitzengefühl. Falknersheil! (Fotos: Verfasser.)

Und auch er, mit seinem breitkrempigen Hut, den tieffliegenden dunklen Augen und dem beutesuchenden Blick, sah seinem „im Yarak" stehenden Adler irgendwie ähnlich. Wenn überhaupt jemand, dann machten die beiden heute Beute, denn ich war schon Tage zuvor mit ihnen draußen im heimischen Revier gewesen, hatte den Adler erlebt und mich von seiner „Jagdkondition" überzeugen können, als er gegen den Wind im Hochwald und in den Hangwinden des Bayerischen Waldes trainiert wurde.

Als der erste Hase ungefähr 60 bis 80 Meter von uns entfernt hoch wurde – zu weit, dachte ich unbewußt – und hochflüchtig parallel zum Damm flüchtete, warf, nein schleuderte der Freund mit einem für ihn typischen Jagdruf seinen Adler gegen den Wind. Der Vogel behielt die Höhe des Dammes, was ungemein beeindruckend aussah, und als er nach einigen Metern den Rhythmus des scharfen Angriffsfluges gefunden hatte, wurde augenscheinlich, daß er schnell aufholte und eine Chance auf den Hochflüchtigen haben würde.

Im über die Schwinge niederstürzenden Greifen machte der Hase einen gewaltigen Satz senkrecht in die Höhe und, anscheinend von der Schwinge noch berührt, überschlug sich, was ihm aber neuen Schwung für einen rechtwinkeligen Haken gab. Der Adler, durch diesen Satz des Hasen rechtzeitig und elanvoll wieder „nach oben" orientiert, nahm den Schwung mit und jagte erneut scharf hinterher. Blitzartig wollte Meister Lampe sich durch einen abrupten Stopp retten, doch die Fänge, der Schwung und die Geschwindigkeit pflückten ihn einfach vom Boden ab und nahmen ihn taumelnd ein paar Meter mit, wo es in einer kleine Senke noch einen kurzen, ungleichen Kampf gab.

Mit gebogenem Hals, weit geöffnetem Schnabel, gesträubtem Nacken und mantelnden Schwingen stand der Adler auf dem längst verendeten Hasen. Vorsichtig näherten wir uns diesem urig-wilden Szenario, und der Freund betonte, daß sogar er sich dem Adler in diesem Zustand der Erregung nur äußerst behutsam nähern dürfe. Nachdem der Vogel zu rupfen begann und sich sein Gemüt etwas beruhigt hatte, legte der Freund die Falknertasche über die Beute und bot seinem Adler gleichzeitig mehrere Eintagsküken auf der Faust an. Den einen Fang auf dem Handschuh, den anderen noch immer wie im Krampf im Hasen, versuchte er beides – die attraktive Atzung und die geschlagene Beute – für sich in Anspruch zu nehmen. Als der Hase schon in der Tasche und die Küken im Kropf waren, suchte er noch immer mit „langem Stingel" nach seiner Beute. Welch ein Vogel!

Noch zwei Hasen beizte dieser Adler in ähnlich bestechender Manier. Als beim dritten Beizwild der Falkner seinen „wilden" Adler nur unter Mühen und mit viel List und Tücke vom Hasen abnehmen konnte, bemerkte er etwa sinngemäß, daß es nun genug sei, denn in dieser Kondition sei mit ihm „nicht gut Kirschen essen". Er atzte ihn auf und ließ die anderen Falkner jagen. Seither habe ich eine ungefähre Vorstellung, was es heißt, einen Adler „im Yarak" zu fliegen...

Schon einige Jahre habe ich nicht mehr an einer Beizjagd teilgenommen und bin gleichermaßen dankbar für die Einladung als auch gespannt und neugierig, ob sich im Lauf der Zeit etwas geändert hat und ob bei mir immer noch ein „Feuer lodert", wenn das Federspiel geschwungen wird.

Beim morgendlichen Beizvogelappell ist es immer wieder interessant, zu beobachten, wie die einen unterkühlt, fast entrückt ihre Spannung überbrücken, die anderen wiederum vor lauter Jagdpassion und Beiznervosität plappern, schwätzen und rauchen, was einen merkwürdigen Kontrast zu ihren ruhigen Vögeln auf der Faust bildet.

Da das trübe Wetter, wenn überhaupt, nur in offenem Gelände Fotolicht zuläßt, schließe ich mich zunächst der fünfköpfigen Adlergruppe an. Diese besteht aus vier gestandenen Mannsbildern, alles erfahrene Adleraner, und einem – zumindest, was Steinadler angeht – eher „flachbrüstigen" Anfänger. Alle tragen unverkappte Steinadlerterzel auf der Faust; bei einem bin ich mir nicht sicher, ob es nicht doch ein Weib ist, und auch der Falkner zieht auf meine diesbezügliche Frage zweifelnd die Brauen hoch.

Gleich der erste Hase, der ziemlich in Häusernähe ungefähr vierzig Meter vor dem Falkner hochgeht, wird gut, aber nicht scharf angejagt, und fünf Meter hinter dem Hasen dreht der Adler einfach ab und stellt sich auf einen klitzekleinen „Feldherrnhügel". Sofort nach Ruf und Faustrecken dreht sich der Adler um und reitet verzugslos bei, was mich bei diesem eher lustlosen Flug doch verwundert. An der Kondition kann es also nicht gelegen haben. Weiter.

Schon nach einigen Metern geht der nächste Hase über Wind leicht hangaufwärts ab. Mit Wucht und Kraft wird der nächste Steinadler hinterhergeschleudert, und sofort habe ich den Eindruck, daß der Beizvogel diesen Hasen will. Mit jedem kraftvollen, wuchtigen Schwingenschlag ist der Beutewille förmlich zu spüren. Der Adler gewinnt Boden, fliegt zwei Haken mit, kürzt einen ab, schlägt zu und – hält. Hält, obwohl sich der Hase weiter kräftig wehrt und sich samt dem schweren Vogel im Kreis dreht. Schnell ist der Falkner heran und fängt fachmännisch ab. Falknersheil!

Auch ein „Wäldchen", bestehend aus einigen Bäumchen und unzähligen Weißdornbüschen, wird „durchgedrückt" in der Hoffnung, ein paar Kaninchen flottzumachen. Den Hunden gelingt dies auch, doch den Adlern sind sie in diesem dichten Gestrüpp zu schnell und zu wendig. Auffallend, daß hier nur ein Adler, nämlich der des „Anfängers", überhaupt nur die Spur einer Chance hatte, denn alle anderen kamen aufgrund ungenügenden Trainings im Wald mit dichter Deckung nicht zurecht und versuchten, die grauen Flitzer genauso zu jagen wie die Hasen auf dem freien Feld, was natürlich zum Scheitern verurteilt war. Der „Anfänger-Adler" jedoch steilte immer hoch auf, suchte eine Lücke und stieß in diese ein und hernieder. Mehrfach gute Flüge, leider ohne Erfolg.

Wieder auf freiem, offenem Feld kam der Adler, der den ersten Hasen des Tages

so „lustlos" angejagt hatte, sogleich an einen Hasen. Doch diesmal machte er ernst: Der vor den Stiefeln des Falkners aus der Sasse rutschende Bockelmann kam, obwohl so ein riesiger Vogel erst einmal Wind unter die Schwingen bekommen muß, keine fünfzig Meter weit und wurde kurz, hart und schnörkellos geschlagen. Ein wunderschönes Bild, wie der Deutsch-Kurzhaar des Falkners hinterherstob, vor dem Adler in Downlage ging und so „sekundierte", bis der Falkner heran war.

Einen weiten, mit den Augen gut zu verfolgenden Jagdflug zeigte ein anderer Adler, der den hakenschlagenden Hasen mehrfach zu greifen versuchte und schließlich samt dem Flüchtenden in einem breiten Graben verschwand, aus dem der Hase allein wieder auftauchte. Wie der Falkner prophezeite, sei sein Vogel nach diesem scharfen Flug ohne Erfolg erst einmal „sauer". Und genauso sah es aus, als der Beizvogel „zu Fuß" aus dem Graben auftauchte, sich aufschwang und einen hohen Baum an einem bewachsenen Böschungsrand anflog.

Im Anflug sauste unten aus der Böschung ein Hase heraus, den der Adler ignorierte. Die Hunde jedoch bekamen dies mit und fegten sichtlaut durch diesen Verhau. Ein richtiges Tohuwabohu entstand, als auch noch direkt vor den Hunden ein Kaninchen wie der Blitz davonschoß. Hier zuckte der Adler nur einmal kurz, blieb jedoch in seiner luftig schaukelnden Warte in den schwankenden Wipfelästen. Immer noch krachte und schnaufte ein Hund durchs Gestrüpp, bis er endlich von seinem Herrn abgepfiffen werden konnte.

Na, jetzt muß nur noch der Adler beireiten, und es kann weitergehen.

Doch den interessierten weder Faust, Ruf noch Atzung. Plötzlich ließ er sich mit angelegten Schwingen wie ein Stein einfach fallen, stieß mit Wucht und Elan ins trockene Gras und Holz und – hatte einen Hasen, der sich vor all dem Lärm und Getöse und dem „drohenden" Adler ungewöhnlich „wesensfest" gedrückt hatte. Steinadler jedoch sind die einzigen Greife, so meine Erfahrung, die einen ruhenden Hasen auch in der Sasse noch erkennen, sofern sie mit der Jagd auf den Hasen im Feld Erfahrung haben.

So war nur mehr der „Anfänger" ohne Falknersheil, und darauf angesprochen erklärte er, daß er seinen Adler heute nicht mehr fliegen, sondern nur noch aufatzen würde mit der Begründung, der Adler sei etwas zu tief, deshalb so aggressiv, und er traue sich nicht mehr, ihn zu werfen. Und tatsächlich: Er konnte seinen eigenen Adler nicht auf der Faust atzen, sondern warf ihm den mit Atzungsbrocken gespickten Balg hin. Zwischen beiden, so mein erster Eindruck, stimmte überhaupt nichts. Es war weder Vertrauen noch Harmonie, ja nicht einmal Duldung zu erkennen. – Wieder einmal ein Beweis, daß ein Falkner, der jahrelang erfolgreich Habichte geflogen hat, nicht unbedingt auch mit einem Steinadler erfolgreich sein muß.

Am Ende eines Beiztages – oder Götterdämmerung für die Falknerei? (Foto: Dietmar Nill)

Die Beizjagd

Den letzten Hasen vor der Mittagspause beizte der Adler, der schon morgens in sehr schneidiger Manier erfolgreich gewesen war. Wieder war es wuchtiger, beuteorientierter, energischer, langer Angriffsflug über einige Felder hinweg bis in ein abgeerntetes Maisfeld, wo der große Beizvogel nach mehreren Fehlgriffen und wiederholtem Aufsteilen den armen Hasen mitten aus einem Hechtsprung „vom Himmel pflückte".

Aufgrund des starken Hasenbesatzes kam es zu vielen guten Flügen, die, wie es in der Natur der Beize liegt, nicht alle erfolgreich enden. Mit gut konditionierten Adlern und Falknern, die ihr Handwerk beherrschen und, vor allen Dingen, ihre großen Vögel mit Schwung, Kraft und Jagdverstand zu werfen verstehen, kommt auf drei bis vier Jagdflüge ein Erfolg. Dies ist eine ausgesprochen gute Quote, und dem war nicht immer so.

Und noch etwas ist mir an diesem erfolgreichen Beizvormittag in den Emslandrevieren wieder einmal so richtig klar geworden: Immer wieder gibt es scharfe und vehemente Angriffsflüge, die einmal kurz hinter dem Hasen einfach abgebrochen, ein anderes Mal mit Schneid und Durchsetzungsvermögen bis „ans bittere Ende" weiterverfolgt werden. Auch wenn mir manche Biologen widersprechen werden, lasse ich mich nicht davon abbringen, zu behaupten, daß Beizvögel während der Verfolgung ihres Beutetieres instinktiv oder erfahrungsgemäß (oder beides) erkennen, ob es zu schlagen oder zu groß, zu schnell oder zu gesund oder ihnen einfach überlegen ist.

Dies mag bei Wanderfalke und Habicht genauso oder ähnlich sein, wird von uns jedoch nicht immer augenscheinlich registriert. Wir wundern uns nur, wenn ein Wanderfalke aus einem Schwarm „wie durch ein Wunder" genau die einzige leicht flugbehinderte, kranke Krähe erkennt und bindet oder der Habicht von mehreren Fasanen „wie durch Zufall" plötzlich einen geständerten in den Fängen hält. Alle Beutegreifer gehen, wenn sie die Wahl haben, den Weg des geringsten Widerstandes. Weshalb sollte dies bei Beizvögeln anders sein? Und auch für den kräftigen Steinadler ist ein ausgewachsener Feldhase ein ernst zu nehmender „Gegner", der, in Todesnot, sich entsprechend zu wehren weiß.

Es hat mich zutiefst befriedigt, erleben zu dürfen, daß auch in der Beize mit dem Adler erhebliche Fortschritte gemacht wurden. Nie sah ich so viele gute Jagdadler mit derartigem Appell. Dies läßt hoffen!

Womöglich werden die Erfolge und Früchte der Falknerprüfung erst jetzt offenbar...

Ich denke an den Reiter auf dem Felsgrat, an vergiftete Köder und an fängisch gestellte Tellereisen auf unzähligen Steinhaufen.
Ich träume aber auch von meinem Adler, hoch über den Salbeistauden, hoch über den Bergen kreisend – und frei.
Gib acht, Nancy, gib acht…

Francis Hamerstrom, Epilog aus
„Mein Adler kreist zum Himmel",
Hannover 1973

Die Zukunft der Beizjagd

Falknerorganisationen

In einer österreichischen Jagdzeitung („Der Anblick", 4/96) war unter „Vereinsnachrichten" zu lesen, daß der ÖFO die Gründung eines neuen Falknerclubs mit der Begründung einer Vergrößerung des Falknerspektrums in der Alpenrepublik begrüßt. Dieser Einschätzung kann ich mich weder für Deutschland noch für Österreich anschließen.

Die Vielzahl der Falknerorganisationen (Anhang 2) – allein in Deutschland gibt es an die 16 Vereine und Untervereine – hat in beiden Ländern zu einer Verzettelung geführt. Zu Zeiten, da den Jagd- und damit auch den Falknerorganisationen der Wind hart ins Gesicht weht, sind ein Zusammenrücken und auch eine Bündelung der Kompetenzen angesagt. Ähnlich den Jagdorganisationen mit einem Dachverband, den Landesjagdverbänden als Ländervertretungen und den diversen Unterorganisationen, wie z.B. Jagdgebrauchshundeverband, sollten sich die Falkner im deutschsprachigen Raum oder gar europaweit organisieren und gliedern, um den Aufgaben der Zukunft gewachsen zu sein. Nichts stärkt Kritiker und Gegner sosehr wie eine provinzielle, unprofessionelle, sich verzettelnde, zerstrittene und in sich uneinheitliche Falknerei.

Meiner Meinung nach müßte es mit einigem guten Willen möglich sein, sich unter Wahrung und Beibehaltung von gewachsenen Traditionen und Besitzständen zumindest auf Landesebene zu (ver-)einigen. Wie will man das Falkner-Haus Europa errichten, wenn das Fundament falknerisch zerstritten und zerstückelt ist?

Falkner sind – mehr noch als Jäger – Individualisten mit ausgeprägtem Sinn und Hang zu Freiheit, Liberalismus und Einzelgängertum, aber auch zu Tradition, Konservatismus und Kultur. Doch darf dies im Sinn des Erhalts und der Förderung der Falknerei nicht dazu führen, daß jeder siebente Falkner seinen eigenen Verein gründet und führt.

Durch- und Umsetzung von sinnvollen Ausnahmeregelungen für die Ausübung der Beizjagd sowie einheitliche Ausbildungs- und Prüfungsmethoden, ferner nationale und binationale Regelungen bezüglich Greifvogelbeschaffung, Aus- und Einfuhr sowie Greifvogelkennzeichnung sind nur mit starken, auch mitgliederstarken Gruppen, nicht aber mit Splittergruppen diffuser Zielsetzung und Ausrichtung realisierbar.

Als sich in den späten sechziger Jahren der Greifvogel-, insbesondere der Wanderfalkenbestand dramatisch verschlechterte und der Fortbestand der Falknerei „auf des Messers Schneide" stand, konnte niemand ahnen – und hoffen schon gar nicht –, daß nur einige Jahre später sowohl die Greifvogelpopulationen erstarkt als

auch die Falknereiverbände in Deutschland gefestigt aus diesem falknerischen Tief hervorgehen würden. Es ist ein nicht hoch genug einzuschätzender Verdienst des DFO, in den damals schwierigen Zeiten die Zeichen der Zeit erkannt und – mit Duldung und Unterstützung des ODF – die Falknerei auf ein rechtlich gesichertes Fundament gebracht zu haben. Ob so ein Kraftakt in verändertem Umfeld mit Splittergruppen nochmals gesetzt werden kann, darf bezweifelt werden.

Hoffnungsfroh stimmt, daß (zumindest in Deutschland) die drei großen Falknerverbände in wesentlichen, essentiellen Belangen offensichtlich konstruktiv kooperieren.

Falkenhöfe

Greifvogelstationen, Adlerwarten, Falkenhöfe und Falknereien geben sich gerne und häufig den Anschein, Greifvogelschutz, Falknerei sowie falknerische Öffentlichkeitsarbeit mit dem Ziel zu betreiben, Greifvögel zu züchten, auszuwildern, gesundzupflegen und abzutragen. Dem in Bussen anreisenden Publikum wird vor malerischer Kulisse und höfischem Ambiente weisgemacht, daß alle Greife gezüchtet seien und täglich falknerisch gearbeitet, also geflogen würden als Vorbereitung auf die Beizjagd. Daß mit der überwiegend zur Schau gestellten Anzahl der Vögel (Bussarde, Milane, Geier, Uhus, Schneeulen, Turmfalken usw.) gar keine Beizjagd möglich ist, wird verschwiegen. Es gibt „Falkenhöfe", in denen überhaupt kein „jagender" Greifvogel (Habicht, Steinadler oder Wanderfalke) zu sehen ist. Auch Schweigen kann eine Lüge sein!

Ich würde mir wünschen, daß die Betreiber dieser Höfe und Warten ehrlich wären, also deutlich herausstreichen würden, daß sie Schaustellerei (man könnte dies auch Zoobetrieb oder Gehegebewirtschaftung nennen) mit den Mitteln und Möglichkeiten der Falknerei betreiben.

Diese Betriebe haben ja ihr Gutes und sind, sofern seriös und falknerisch gerecht, nicht zu beanstanden; sie haben nur nichts mit Falknerei als Form der Jagd zu tun, auch wenn der Leiter (Oberfalkner, Falkenmeister, Direktor etc.) im Herbst mit einem Beizvogel auf die Jagd geht, während er den Rest des Jahres von der Turmruine aus Schauflüge veranstaltet mit Vögeln, die noch nie eine Beute geschlagen haben und dies auch nie tun werden.

Schauflüge und Vorführungen bringen der naturentfremdeten Bevölkerung die Greifvögel näher; sie motivieren den einen oder anderen Jugendlichen, sich der Falknerei – und vielleicht auch der Jagd – zuzuwenden; sie werben um Verständnis für die Greifvögel allgemein – und nicht selten geht aus dem Ort der Veranstaltung (dem Falkenhof) ein neuer Falknerverein hervor.

Meine ersten Begegnungen mit Greifvögeln und mit der Falknerei hatte ich auf Falkenhöfen. Ich habe auf mehreren gearbeitet und bin erst Falkner und dann Jäger geworden. Ich habe dort aufrichtige, geradlinige, ehrliche Falkner kennen und schätzen gelernt, aber auch Paradiesvögel und selbstherrliche Möchtegernfalkner angetroffen, von denen ich mich viel lieber ferngehalten hätte. Heute weiß ich, daß diese Falknereibetriebe die gesamte Bandbreite von heuchlerischer, halbkrimineller Pseudofalknerei bis hin zu sach- und fachgerechter, jagdlich orientierter Falknerei und Beizjagd repräsentieren, und mir ist bewußt, daß ich mit Kritik an eben diesem „System" auch den einen und anderen guten Bekannten (und Freund) oder Falkner treffe, dessen „Betrieb" jeglicher noch so subtiler (von mir aus kleinkarierter) Kritik standhält. Dennoch: Die auf jagdlichem Fundament angesiedelte Falknerei (und die

naturkundlich kritische Bevölkerung) sollte sensibilisiert und mit einem gesunden Mißtrauen an die Falkenhöfe herangehen und sich von jenen distanzieren, die mit Schaumschlägerei, Selbstverherrlichung und Volksverdummung der Beizjagd schaden. Jene (anderen) ehrlichen, jagdlich und falknerisch über jeglichen Zweifel erhabenen, unantastbaren „Höfe" offenbaren sich durch Transparenz, jagdlich-falknerisches Handwerk statt höfisch-prunkvollem Gehabe und Phantastereien.

Falkenhöfe, Adlerwarten, Greifvogelstationen sind wichtig; auf Angeber und Paradiesvögel kann verzichtet werden. Der Erhalt der Beizjagd ist wichtiger!

Zeitgenössische Jagdmaler

Seit Kaiser Friedrich II. spricht man „über die *Kunst*, mit Vögeln zu jagen". Die Ausübung der Beizjagd an sich stellt somit, sofern sach- sprich: kunstgerecht betrieben, eine Kunst dar. Seit dem überragenden Werk des Hohenstaufers „De arte venandi cum avibus" wird die Falknerei von der bildenden Kunst begleitet; mehr noch, beide sind so eng miteinander verflochten, daß sich ohne Übertreibung von einer glücklichen Symbiose sprechen läßt, denn wahrscheinlich der Kaiser persönlich, ganz sicher aber sein Sohn Manfred illustrierten ihr Ideen- und Gedankengut wahrhaft aristokratisch.

Die falknerische Ausstrahlung eines Renz Waller mag ihre Wurzeln in seinem falknerischen Können, seiner Neugier, seiner Experimentierfreude gehabt haben; sie hat ganz gewiß ihren Höhepunkt, ihre Wirkung und ihren Glanz aus seinem künstlerischen Wirken für die Falknerei gezogen. Zu jener Zeit, als Waller mit der Falknerei begann, war es mit den damaligen fotografischen Mitteln unmöglich, die Dynamik, das Fesselnde, das faszinierende Geschehen in der Luft festzuhalten und darzustellen. Dazu bedurfte es der Kunst. Erst das Auge, die Auffassungsgabe des Künstlers und die künstlerische Umsetzung machten jene Vorgänge, die uns heute so begeistern, auch dem Laien offenbar und verständlich. Und – auch da bin ich mir ganz sicher – jene falknerischen Kleinigkeiten und Nebensächlichkeiten, die manche Zeitgenossen trivial und banal nennen und sehen möchten – die Fesseln, die Riemen, die Knoten, die Handschuhe, die Hauben und Taschen –, all dies wäre ohne das künstlerische Auge und die ästhetische Umsetzung eines Mannes ohne das Format eines Renz Waller und in der Folge ohne die vielen „Kleinkünstler" in der Falknerei zu Kitsch, Trödel und rein zweckorientiertem „Kunst"-Stoff verkommen.

In der Falknerei hat es immer Künstler gegeben, die innerhalb der Jagdkunst ihre besondere Passion für Vogel und Beizjagd umgesetzt und ausgelebt haben. Wenn man über das Besondere, das Faszinierende der Falknerei schreibt, darf der Bereich der zeitgenössischen Malerei nicht ausgeklammert werden – sofern es ihn gibt. Denn solange sich die Künstler (erfolgreich) um die Falknerei kümmern, braucht einem um deren Zukunft nicht angst sein.

Die drei Maler (freilich ist diese „Auswahl" nicht vollständig) Bodo Meier aus Siegen, der Münchener Josef Niederlechner und Dieter Schiele aus Nidda-Stornfels stehen der Falknerei sehr nahe oder sind seit langem Falkner, und ich bin ihnen dankbar, daß sie meiner Bitte gefolgt sind, das Faszinierende der Falknerei aus künstlerisch-subjektiver Sicht abzurunden.

Bodo Meier, Jahrgang '49, nennt seine Kunst Wildlife-Art und ist ein anerkannter Aquarellist von hohen Graden. Diverse nationale und internationale Ausstellungen und nicht zuletzt sein Buch über das Aquarellieren von Tieren (erschienen im Verlag

Ravensburger) machten ihn bekannt und berühmt. Zunehmend ist er als Illustrator in Jagdzeitschriften und Jagdbüchern präsent. Er ist kein Falkner, doch hält er seit langem Kontakt zu Falknern im Siegener Raum, und seine dynamische, impressionistische Aquarelltechnik paßt so recht zu dieser besonderen Art des Jagens mit wilden Vögeln.

Josef Niederlechner, seit langer Zeit aktiver Falkner (mit Falken), kommt aus der Graphik zur falknerischen Kunst. Er hat sich die eine Lebensaufgabe gestellt, die Falken der Welt zu malen. Zusammen mit einem Partner könnte dieses umfassende interessante Projekt als *die* Falkenmonographie realisiert werden.

Dieter Schiele, 1950 in Frankfurt geboren und seit 25 Jahren aktiver Falkner, hat zwei Leidenschaften: Falknerei und Pferde. Seine großformatigen Ölgemälde – Beizjagdmotive, Pferde und zunehmend auch afrikanisches Großwild – sind besonders im Ausland sehr gefragt und haben ihren Preis. Doch (eigentlich wie bei allen falknerischen Künstlern) hat auch er sich (Gott sei Dank für alle „normalen" Sammler) ein Faible fürs „Kleine" bewahrt: Seine Miniaturen aus allen jagd- und falknerischen Bereichen sind noch erschwinglich und beileibe nicht weniger reizvoll.

Greifvogelschutz

Alle Falknerorganisationen haben sich in irgendeiner Weise den Greifvogelschutz zum Ziel gesetzt; häufig ist dieser Part Teil ihres Namens. So nennt sich der DFO „Bund für Falknerei, Greifvogelschutz und Greifvogelkunde e.V.", der ODF „Bund der Falkner und Greifvogelfreunde e.V." und so weiter. In allen Präambeln und Zielsetzungen ist die Aufgabe „Greifvogelschutz" mehr oder minder präzise definiert. Einige Organisationen (so z.B. der DFO) sind anerkannte Verbände nach § 29 des Bundesnaturschutzgesetzes. Und daß die Falkner ihre Greifvögel – abgetragen oder wild – lieben, schätzen und verehren, bedarf keiner weiteren Erläuterung. Also müßten sie doch, logischerweise und offensichtlich, mit den Naturschutzverbänden, die eine ähnliche Zielsetzung propagieren, in einem Boot sitzen. Weit gefehlt!

Hier geht es den Falknern wie den Jägern, den Anglern, den Tierfotografen. Auf regionaler, örtlicher Basis klappt die Zusammenarbeit häufig, fast immer, ausgezeichnet, auf überregionaler, gar internationaler Ebene scheinen eher Haß, Neid, Mißgunst und „politische" Verklärtheit das Gegeneinander zu bestimmen.

Um dem rapiden Greifvogelrückgang in den sechziger Jahren (dem DDT-Desaster) zu begegnen, gingen die Naturschützer den Weg der Horstbewachung und implizierten (oft sogar hämisch bestätigend) damit, daß die (kriminellen) Brieftaubenzüchter, Falkner und Eiersammler am Rückgang aller Greife schuld wären. Daß es dabei häufig zu – von Mitgliederbeiträgen und Steuergeldern subventionierten – Bewachungen leerer Horste kam (wo nichts ist, braucht auch nichts bewacht zu werden), wird heute schamhaft verschwiegen.

Die Falknerei, allen voran der DFO, beschritt den Weg der Rettung mit falknerischen Mitteln, also mittels Greifvogelzucht und Auswilderung. Es ist eine Lüge und Unterstellung, den seriösen Falknern „vorzuwerfen", sie würden nur züchten, um ihren Bedarf an Greifvögeln zu sichern oder sich durch Verkauf bereichern zu wollen. Um dies zu untermauern, seien exemplarisch folgende Zahlen genannt: Von 1970 bis 1994 wurden vom DFO 1.685 Wanderfalken gezüchtet und von 1977 bis 1993 in Deutschland (und Polen, im gemeinsamen Programm) 633 Wanderfalken ausgewildert (W. Bednarek und C. Saar,[5] Bd. 1994). Parallel zur Auswilderung kam es zur Anbringung von künstlichen Brutplätzen an Felsen oder Gebäuden, so daß heute wieder eine, früher nicht für möglich gehaltene, Felsbrüterpopulation erreicht werden konnte. Daß teilweise Naturschutz und Falknerei erfolgreich zusammengearbeitet haben, soll ebenfalls nicht verschwiegen werden.

Doch woher rühren bei all diesen Erfolgen die Diskrepanzen zwischen Naturschutz und Falknerei?

Nachdenklich stimmen sollte manchen Naturschützer (und Politiker), daß in den Ländern, in denen die Falknerei verboten ist (z.B. Dänemark und Schweden), ein

Greifvogelschutz mit dem Ziel des Stabilisierens und Wiedererstarkens der Populationen von Falken und Adlern nicht möglich ist. Diese Länder stehen dem bei uns längst „reparierten" DDT-Gau heute noch immer hilflos gegenüber!

Doch auch bei uns besteht kein Anlaß zur Euphorie. Im Gegenteil!

In immer mehr deutschen (und weshalb sollte dies ausgerechnet in Österreich anders sein?) Amtsstuben macht sich ein kleinkariertes, „privatrechtliches", rot-grünes Naturschutz-Beamten-Denken breit, welches mittels Behördenwillkür, Rechtsbeugung und zeitlicher Verschleppungstaktik begründete Rechtsansprüche von Falknern zur Greifvogelhaltung, Aushorstegenehmigung usw. verhindert. Dabei wird bewußt ignoriert und unterschlagen und zumindest billigend in Kauf genommen, daß z.B. das Untersagen von Haltungsgenehmigungen für den Sperber auch zu einem Expertiseverlust bezüglich der Zucht und somit des Greifvogelschutzes führt.

Den ursprünglichen Grund dieses behördlich-politischen Fehlverhaltens sehen viele Autoren (z.B. Bednarek,[5] Bd. 1994) in einer zunehmenden Naturentfremdung, die sich wiederum darin äußert, daß sogenannte (selbsternannte?) „zivilisierte" Staaten immer häufiger und restriktiver ihre Natur- und Tierschutzgedanken auf den einfachen – und falschen – Nenner des Verbietens und Verhinderns vom Kontakt zum Wildtier bringen. Halte-, Begegnungs-, Aneignungs-, Annäherungs-, Beobachtungs-, Fotografier- und natürlich Angel-, Beiz- und Jagdverbote allenthalben!

Je mehr sich der Mensch von der Natur entfernt, desto weniger ist er bereit, sich dem Tier zu nähern oder dies anderen zuzulassen. Natur wird nur unter Ausschluß des Menschen als „natürlich" – und somit „paradiesisch" – angesehen und definiert. Daß dies auch zutiefst menschenverachtend ist, geht in abgehobene, verklärte und durch Medien malträtierte, verstädterte (Beton-)Gehirne nicht hinein. Pseudo-Paradiese sind wichtiger als der Mensch – siehe Verbot der Robbenjagd und das damit verbundene soziale Elend der Inuit.

Weit haben wir's gebracht!

Greifvogelzucht war nicht immer ein Bestandteil der Falknerei, ähnlich der Jagd-Gebrauchshundezucht, die ja auch nicht ursächlich direkt mit der Jagd zu tun hat (denn ein Nichtjäger kann durchaus Jagdhunde züchten). Sie, die Greifvogelzucht, hat sogar recht spät Zugang zur Falknerei gefunden. Sieht man von einigen spärlichen Zuchtversuchen Ende des Zweiten Weltkrieges ab, so hat sie sich erst mit dem weltweiten Niedergang der Greifvogelpopulationen falknerisch etabliert. Oberstes Ziel war, nicht nur in Deutschland, mittels Züchtung einen Stamm gefährdeter Arten in eine „bessere", nämlich DDT-freie Zeit hinüberzuretten. Im Prinzip ist für einige Arten dieses Ziel erreicht worden.

Nicht unerwähnt soll bleiben (und ich propagiere ja immer den ehrlichen Falkner), daß züchterisch und falknerisch auch Irrwege beschritten und Fehler gemacht wurden – und noch werden.

Einen nicht unwesentlichen Anteil (neben einigen wissenschaftlichen Instituten)

Faunenverfälschung

am Aufschwung der Greifvogelzucht hatten einige Falkenhöfe, denn dort, angesichts der Vielzahl der Vögel, entstand das Know-how der natürlichen Zucht und auch der künstlichen Besamung. Daß hier auch (ungezügelte, unkontrollierte) Greifvogelvermehrung und Kommerz als Motivation Pate gestanden haben, ist einer dieser Fehler und Irrwege, quasi als Abfallprodukt. Daß heute einige wenige Großzüchter den internationalen (und auch arabischen) Markt beherrschen, ist eine unleugbare Tatsache, die *nicht* dem Ansehen der internationalen Falknerei dient, ihr aber auch nicht angelastet werden darf. Falken-Mafia, C-M-R-Connection sind in der „Szene" mittlerweile geläufige Begriffe, die einem „alten", ehrlichen, aufrichtigen Falkner die Schopffedern zu Berge stehen lassen.

Hybriden, Hybrid-Zuchten heißen die Zauberworte, die einem kommerziellen Züchter den Säckel füllen, denn immer bessere, immer exotischere Beizvögel verlangt der – überwiegend arabische – Markt. Doch immer nur auf die (gut betuchten) Araber zu deuten, hieße, in Deutschland ständig verkappt die Welt der Falkner zu betrachten.

Die gleichen Menschen, die hierzulande die Zucht von sogenannten Kampfhunden untersagen und verbieten wollen und gegen jede Art von Genmanipulation eintreten, erzählen mit verklärtem Blick von „Killern", „Kill-Machines", „Killer-Falcons" und meinen damit Falken-Hybriden, also Mischformen zwischen Wander- und Gerfalke oder Wander-/Saker- und Gerfalke sowie sonstige Kreuzungen. Einige dieser Hybriden sind in entsprechender Kondition fast nicht mehr mit anderen Beizvögeln zusammen zu fliegen, da sie sich gegenseitig angreifen. „If I were to put her (Hybride: 3/4 Saker-, 1/4 Wanderfalke; Nickname *„The Destroyer"*, der Verf.) too near another hawk, she'd eat it… (Allan Wallace, „The Shooting Fields", Bd. 4).

Diese Hybriden lassen sich nur künstlich, d.h. mittels künstlicher Besamung, produzieren, da in der Natur eine Vermischung so gut wie ausgeschlossen ist. Gegen eine Hybridzucht wäre auch dann nichts einzuwenden, wenn die Produkte derselben nicht fortpflanzungsfähig wären und nur zur Beizjagd in Falknerhand blieben. Bleiben sie aber nicht, und sie pflanzen sich fort! Und alle Anzeichen sprechen dafür, daß in die Freiheit gelangte Hybriden sich mit reinrassigen Formen paaren. Faunenverfälschung nennt man dies. Diese Nachkommen wiederum könnten – müssen aber nicht – stärker, schneller, anpassungsfähiger und somit langfristig in der Lage sein, bestehende Populationen zu gefährden. U.a. aus diesen Gründen haben die drei großen deutschen Falknerverbände eine freiwillige Resolution unterzeichnet mit dem Ziel, auf die Beizjagd mit Hybriden und langfristig sogar auf die Hybridzucht zu verzichten. Dies ist ein positiver Ansatz!

Bei allen Zuchterfolgen und damit der Bereitstellung von Beizvögeln aus Falknerhand (keine Entnahme aus der Natur, im Gegenteil: Auswilderung) einerseits und der restriktiven Erlaubnis von Wildfängen (z.B. beim Habicht) andererseits wird vergessen, daß die Entnahme eines Wildfanghabichts, das Abtragen, dann die Jagd und

schließlich wieder das – mögliche – Freilassen die biologisch sinnvollste, schonendste und ökologisch richtige Form der Beizjagd an sich wäre. Das Jagen mit Wildfängen war früher viel mehr verbreitet – und ist es in einigen Ländern (z.B. Pakistan) heute noch. Auch wir Falkner, die wir so eng, so nahe mit unseren wilden Waidgesellen zusammenleben, laufen Gefahr, uns vom Natürlichen zu entfernen.

Blättere ich in neueren Falknerzeitschriften oder höre mir Beizjagdberichte an, könnte ich meinen, neben Geschüh, Langfessel, Bellen, Adreßtafel und CITES-Kennzeichnung trage der Beizvogel sein Gewicht und seine Lebensstrecke mit sich umher. Was sich bei den Jägern als unfeine Sitte etabliert hat – der Trophäenkult – und oft Stein des Anstoßes ist (nämlich jedes Tier in Gramm, Kilo, Zentimetern und internationalen Punkten „trophäal" zu bewerten), scheint sich jetzt auch leider in der Falknerei durchzusetzen. „Strecke machen", Streckeangeberei, Beutelistenfetischismus waren früher nicht üblich und verpönt! Dies hat nichts mit der Kultur der Falknerei zu tun und ist nichts anderes als eine Ersatzhandlung, dennoch: verkappter Trophäenkult! Das Individualgewicht eines Vogels ist nur für den Falkner interessant; die Lebensstrecke eines Beizvogels sagt wenig aus über sein Leistungsvermögen, sondern nur etwas über die Jagdmöglichkeiten seines Falkners. Auch hier hat sich die Falknerei bewegt.

Etwa in die falsche Richtung?

In eigener Sache...

Da die Falknerei lebt, sich bewegt und auch weder im luftleeren Raum noch auf einer Insel stattfindet, werden allgemeine gesellschaftliche Strömungen, Richtungen und Tendenzen auch vor ihr nicht halt machen bzw. sie wird nicht davor gefeit sein. Doch genau wie bei der großen Schwester der Beizjagd, der Jagd, müssen, wollen beide überleben, schädliche innere „Krankheiten" rechtzeitig prognostiziert und behandelt werden, um gegen äußere Anfeindungen gewappnet zu sein. Ein „goldener Mittelweg" zwischen Tradition und Fortschritt sollte angestrebt, eine Gratwanderung zwischen Tradition und Technik vermieden werden.

Die Falknerei – und mit ihr die Beizjagd – hat jahrhundertelang ihre Kraft, ihre Vitalität, ihre Innovation und ihre Kunst aus der Faszination zwischen dem biologisch toleranten Miteinander zweier gänzlich unterschiedlicher Wesen gezogen: dem Menschen und dem wilden Vogel. Dieser wilde Vogel könnte sich jederzeit emporschwingen und davonfliegen, er könnte selbständig jagen, überleben, sich fortpflanzen. Er ist als Beizvogel weder abgerichtet (nämlich dressiert) noch domestiziert, noch genetisch verkümmert – er ist ein wilder, abgetragener oder ein abgetragener und wilder Vogel, der einfach davonfliegen könnte. Und dies muß so bleiben!

Ich habe es anfangs schon einmal angedeutet: Dieses Buch ist nicht als Vorbereitung auf die Falknerprüfung gedacht, dennoch soll und kann es dem zukünftigen Falkner dienlich sein.

Auch dem erfahrenen Falkonier soll es teils Bestätigung für sein Handeln und Tun sein, aber auch dazu beitragen, gewisse Dinge zu überdenken, um in einer stillen Stunde zusammen mit seinem Greif über den Sinn – oder Unsinn – seines falknerischen Tuns immer wieder neue Betrachtungen und Erforschungen anzustellen.

Dem Natur- und Tierfreund, aber auch dem Jäger mit Waffe und Hund, vielleicht sogar dem Skeptiker, ja dem Gegner der Falknerei soll dieses Buch eine jahrhundertealte Kunstform der Jagd näherbringen; es will um Verständnis im gegenseitigen Miteinander werben, zumindest einen kleinen Beitrag dazu leisten.

Wer den Greifvögeln nahekommen möchte, sollte einen oder, besser noch: verschiedene Falkenhöfe aufsuchen bzw. erstere in der Natur suchen; wer die Beizjagd in der Praxis kennenlernen will, sollte sich an einen Falkner wenden (die Falknerverbände werden hier freundliche Hilfestellung leisten). Hier dient das Buch als Vorbereitung und zur Vermeidung von Mißverständnissen und dem Abbau von Vorurteilen. Indem letzteres erreicht werden sollte, hilft es auch, zum Erhalt der Beizjagd als kunstfertige Form des Jagens ein wenig beizutragen.

Vielleicht – und dies ist mir in allen meinen Büchern ein Anliegen – hilft es dem Falkonier, Falkner, Habichtler oder Beizjäger in der falknerischen Öffentlichkeitsarbeit allgemein und in der Argumentation, in der Kommunikation mit dem falkneri-

schen Laien im besonderen. Die unsägliche Diskussion der Jäger über die „Prüfungsente", die Einarbeitung der Bauhunde am Kunstbau und die Problematik um die Fangjagd mit der Falle (um nur einige Beispiele der letzten Jahre anzuführen) wären überflüssig, wenn wir, die Jäger, in der Öffentlichkeitsarbeit nicht versagt hätten. Jäger, Falkner, Angler sitzen alle im gleichen Boot: Wir können unsere Passion nicht gegen den Willen der Gesellschaft ausleben, wir sind gezwungen, unser jagdlich falknerisches Tun und Handeln *im Einklang* mit ihr zu praktizieren. Deshalb müssen wir unsere Aktivitäten erklären, transparent, verständlich machen. Wir, die Falkner, müssen auf den falknerischen Laien zugehen und ihm erklären und zeigen, was wir machen und weshalb wir es so und nicht anders machen. Nur so haben wir eine Chance, in einem naturentfremdeten Umfeld die Beizjagd als kunstvolle Form der Jagd zu retten und am Leben zu erhalten. Und in dieses Miteinander müssen Falkner, Greifvogelzüchter und Falkenhofbesitzer einbezogen werden.

Vergessen wir nicht: Die Falknerei ist eine Kunst – doch Kunst kommt von Können. Das Wesen der Beizjagd hat sich über Hunderte von Jahren erhalten und trotz vieler Strömungen und Erneuerungen durchgesetzt. Weshalb sollten wir sie ausgerechnet zu einer Zeit, da sich die Menschen wieder auf das Natürliche besinnen und geradezu eine Sehnsucht nach beständigen Werten zu entwickeln scheinen, aufs Spiel setzen oder aufgeben?

Wenn wir, die Falkner, uns immer wieder auf das Wesentliche, auf den Kern der Beizjagd besinnen, bin ich sicher, daß die Kunst, mit wilden Vögeln zu jagen, Zukunft hat. Nur auf Tradition und nur auf das Alter der Beizjagd zu bauen oder zu hoffen, wird zu wenig sein.

Danken möchte ich all jenen, die mich bei der Erstellung dieses Buches unterstützt und ermuntert haben. Insbesondere danke ich Herrn Gerd Korn, der das fast fertige Manuskript noch einmal fachlich kritisch redigiert hat, ferner Herrn Friedrich-Wilhelm Ehlerding, der mich besonders am Anfang ermuntert und angespornt hat, und nicht zuletzt Herrn Magister Michael Hlatky vom Leopold Stocker Verlag, der mit der Idee zu diesem Buch an mich herangetreten ist. Dank gilt auch all jenen, die mir das Fotografieren ermöglicht und erlaubt haben, denn bei diesen Zusammentreffen und fruchtbaren Gesprächen bekam ich nicht nur brauchbare Fotos, sondern auch manch wertvollen Ratschlag und Hinweis, die ebenfalls Ein- und Zugang zu diesem Buch gefunden haben.

Möge es auch dem Skeptiker oder Gegner der Beizjagd Zugang, zumindest Einblick in eine faszinierende Jagdart vermitteln. Dies ist mein innigster Wunsch, wann immer ich von einem wilden Greifvogel fasziniert, wann immer ich vom Geschehen der Beizjagd gebannt bin.

Bad Berleburg-Berghausen, zum Ende der Mauser 1997 *Wolfram Martin*

Anhang 1

Falknersprache und falknerische Begriffe

(In Klammer die englischen Begriffe – so vorhanden)

Abbrechen:	Dem Beizvogel, wenn er zu hoch in Kondition ist, weniger Atzung geben.
Abhauben (to unhood):	Die Haube abnehmen, enthauben, entkappen.
Abspinnen (to tame):	Den Beizvogel mit einer Feder streicheln, um ihn so an das Streicheln mit der Hand zu gewöhnen. Manche Vögel, besonders Wildfänge, sind gegenüber der menschlichen Hand sehr scheu.
Abtragen (to carry, to reclaim):	Der generelle Ausdruck für das Zähmen des Beizvogels. Aber auch den Vogel auf ein bestimmtes Wild einjagen: „Der Habicht ist auf Hasen abgetragen..." Das häufige Tragen auf der Faust – daher bezeichnenderweise „abtragen" – ist das A und O der gesamten Falknerei.
Abwerfen (to cast off):	Den Vogel von der Faust freilassen. Oder auch: den Beizvogel werfen.
Angehen:	Sich dem auf der Beute oder im Gelände stehenden Vogel vorsichtig nähern.
Angriffsflug:	Der typische, äußerst schneidige, mit wuchtigen Schwingenschlägen vorgetragene Flug auf Beutewild. Besonders markant und auch für den Laien beim Falken erkennbar.
Anjagen:	Ursprünglich für denjenigen Falkner gebraucht, der auf einer Gesellschaftsbeize als erster seinen Beizvogel ans Wild wirft. Heute aber auch benutzt, wenn der Vogel generell Wild anjagt.
Anlocken:	Den Greif mittels Rufs, Pfiffs, Federspiels oder Balgs zurückrufen, eben anlocken.
Annehmen:	Den beireitenden (siehe dort) Beizvogel festnehmen.
Anwarten (to wait on):	Ein Falke wartet an, wenn er hoch über Falkner und/oder Hund kreist (ringholt, siehe dort) und darauf wartet, daß ihm Wild hochgemacht wird. Fast alle Falkenarten lassen sich zum Anwarten abtragen; Habicht, Sperber und Adler warten nicht an, sie folgen.
Armatur:	Die Gesamtausrüstung des Falkners.

Ästlinge (brancher): Fast vollständig befiederte junge Greifvögel, die kurz vor dem Ausfliegen sind und manchmal schon auf den Ästen in Horstnähe „sitzen".

Atzen (to feed up): Dem Beizvogel Fleisch und sonstiges Futter reichen. Der Falkner lockt den Vogel auf die Atzung. Der Vogel atzt. Der Falkner atzt den Vogel auf, wenn er ihm die Hauptmahlzeit des Tages oder einen vollen Kropf gibt.

Atzklaue: Die vordere Innenzehe des Habichts; der vordere Innenfinger des Falken; siehe Abbildung S. 181.

Aufblocken (to perch): Ein Beizvogel / Greif blockt auf einem Baum, Ast oder Block, wenn er sich dorthin stellt; er blockt auf.

Aufbräuen (Ziliation): So nannte man das Heraufziehen der Augenlider beim Falken mittels eines dünnen Fadens mit dem Ziel, ihn vorübergehend zu „blenden". Wird in der modernen Falknerei aus tierschützerischen Gründen schon lange nicht mehr praktiziert. Obwohl die Haube denselben Zweck erfüllt, scheinen in der frühen Vergangenheit sowohl Aufbräuen als auch Verhauben lange Zeit parallel praktiziert worden zu sein.

Aufdecken: entkappen.

Aufhauben (to hood): Die Haube oder Kappe aufsetzen.

Aufsteilen (to mount, to soar): Wenn ein Falke z.B. ein Rebhuhn flach anjagt, dieses sich plötzlich fallen läßt oder drückt (oder der Falke es geschlagen hat), so sieht man aus der Ferne den Falken senkrecht aufsteilen, also in die Höhe fliegen.

Aufstellen: Wenn man sich einen Beizvogel anschafft oder wenn man den Vogel auf die Reck (siehe dort) stellt.

Ausbrechen: So wird jenes Verhalten des Anwartefalken genannt, wenn er seinen Platz über dem Falkner verläßt und auf eigene Faust anjagt.

Badebrente: Badewanne des Beizvogels (auch nur Brente, denn „Badebrente" ist eigentlich ein „weißer Schimmel").

Ballieren: Das Schwingenpeitschen des Beizvogels (meist der Falken) auf dem Bock, der Jule (siehe dort) oder der Faust. In der Regel ein Zeichen von Gesundheit, Wohlbefinden und Fluglust.

Bavon, St.: Gest. um 653. Benediktiner, Schutzheiliger der Falkner. Bavon, ein flandrischer Falkner, wurde schuldlos angeklagt, einen weißen Gerfalken geraubt zu haben, und zum Tode verurteilt. Schon unter dem Galgen stehend,

	locken krächzende Krähen den Gerfalken an, der sich auf dem Galgen niederläßt. Bavons Unschuld war offenbar, in Valkenswaard erinnert eine Kirche an dieses Ereignis. Patron der Kathedrale in Gent.
Beck:	Schnabel der Falken; beide Begriffe üblich.
Beireiten:	Das Zurückkehren des Beizvogels zum Falkner, also das „Landen" auf der Faust, das „Schlagen" des Federspiels oder der Balg-Attrappe.
Beize (Falconry, Hawking):	Der gesamte Jagdbetrieb mit abgetragenen Vögeln; Beizjagd, Beizvogel (Hawking bird) entsprechend. Heute – neudeutsch, aber falsch! – manchmal statt Falkner auch Beizjäger.
Bell:	Die kleine rundliche Glocke (auch Rolle), die der Beizvogel mittels Bellfessel oberhalb des Geschühs (siehe dort) an beiden Fängen trägt. Mehrzahl (engl.) „Bells" oder verdeutscht: Bellen.
Besprengen:	Das Bespritzen des unruhigen Falken mit Wasser mittels Mund- oder, heute besser, mittels Blumenspritze.
Betrügerei:	Ein Beizvogel betrügt, wenn er kleinere Beutetiere schlägt und diese rasch, meist unbemerkt, kröpft. Manche Beizvögel „betrügen", wenn sie kleinere Beute leiten (siehe führen), zumeist in die Dickung ziehen und sich dort regungslos vor dem Falkner drücken, also verstecken.
Binden (to truss, to bind):	Wenn ein Falke seine Beute hält; Habicht und Sperber greifen und halten (doch hat sich heute „binden" auch beim Habicht durchgesetzt).
Binzen:	Das Abscheuern (Verschleißen) der Spitzen der Fahnen (siehe dort) der Schwung- und Stoßpennen der Beizvögel.
Blaufuß:	Junger (blaufüßiger) Sakerfalke. Manchmal werden auch junge Lanner- (und auch Ger-)Falken Blaufuß genannt, genau wie in der alten Literatur die grünfüßigen Wildfang-Wanderfalken manchmal Biturfuß genannt wurden.
Blaujagen:	Wenn ein Falke nicht das Wild jagt, an welches er geworfen wird, sondern anderes, meistens günstigeres Wild auf eigene Faust jagt.
Blume:	Der Rand der Schwung- und Stoßpennen (siehe dort), sofern er eine abweichende Farbe hat.

Brehl (auch Brehlriemen, aufbrehlen): Mittels eines schmalen Riemens mit Längsschlitz wird dem Falken der Flügel zugebunden, um ihm am Flattern zu hindern. Heute nur noch selten verwendet, wenn überhaupt, dann bei verletzten Vögeln.

Bruck: Unterschwanzdeckfedern. Sehr markant die reinweißen (vermauserten) Federn vom alten Habicht, die sich die Falkner gerne an den Falknerhut heften.

Cage: Trage(-gestell) für mehrere Falken.

CITES: **C**onvention on **I**nternational **T**rade in **E**ndangered of Wild Fauna und Flora **S**pecies; Übereinkommen über den internationalen Handel mit gefährdeten Arten freilebender Tiere und Pflanzen. Der numerierte Kennzeichnungsring am Fuß/Fang des Beizvogels wird kurz CITES-Ring oder CITES-Kennzeichnung genannt.

Dach: Rücken des Falken.

Dick: Volles (dickes) Brustbein, hohe Kondition.

Diehn: Oberschenkel des Beizvogels.

Doppelschläger: So wird ein Beizvogel (i. d. R. Falke) genannt, der nach dem Niederschlagen sofort ein nächstes Beutetier schlägt.

Drahle (Swivel, varvel): Kleiner Doppelwirbel aus Messing, verbindet Geschüh mit Langfessel. Soll generell das Verdrehen der Fesseln verhindern.

Dünnen gebräuchlicher **Hosen:** Die langen herabhängenden Federn am Diehn der Greifvögel.

Dunst: Die kleinen Dunenfedern (-wolken) der Nestlinge.

Durchgang: Wenn ein Beizvogel fehlstößt, ohne zu schlagen, gibt er Durchgang. Ebenfalls beim Training mit dem Federspiel „gibt der Falke Durchgang (oder Durchgänge)".

Einstellen: Den Beizvogel auf ein bestimmtes Wild abtragen, z.B. „Ich habe meinen Habicht nun erfolgreich auf Hasen eingestellt."

Engen (schränken): Das Geschüh durch enges Zusammenbinden kürzen.

Fahne: Die eigentliche Feder, also die beiderseits vom Federkiel abstehenden Federstrahlen.

Falkenblock (block): Sitzgelegenheit der Falken. Falken und Adler „sitzen" (falknerisch: stehen) auf Blockjulen oder Blöcken, Habichte auf Bögen oder Sprenkeln.

Falkner (Falconer): Jeder, der sich mit der praktischen Falknerei beschäftigt (genereller Ausdruck). Auch für einen Beizjäger, der

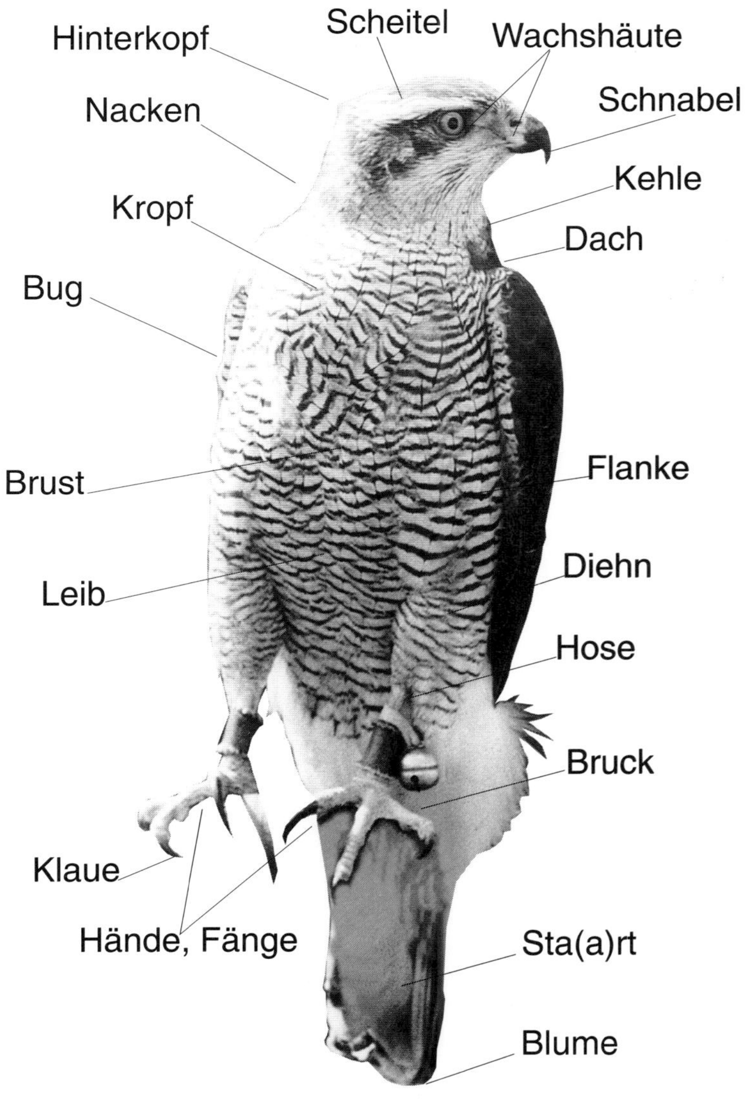

Falknersprache und falknerische Begriffe

Der Beizvogel in der Falknersprache

- Hinterkopf
- Scheitel
- Wachshäute
- Nacken
- Schnabel
- Kropf
- Kehle
- Bug
- Dach
- Brust
- Flanke
- Leib
- Diehn
- Hose
- Bruck
- Klaue
- Hände, Fänge
- Sta(a)rt
- Blume

	einen Habicht trägt, obwohl auch Habichtler üblich ist.
Falknersheil:	Gruß der Falkner, ähnlich Waidmanns- oder Petriheil.
Falknertasche (Hawking bag):	In ihr bringt der Falkner Atzung, Federspiel, Balg und Beutetiere unter. Sie wird als Umhängetasche rechts getragen, da der Vogel auf der linken Faust steht. Sie sollte möglichst leicht sein, weshalb sie traditionell aus Stoff und mit Leder eingesäumt ist. Moderne – schöne – Stücke sind alle aus Leder.
Falkonier:	Falkner.
Falkonieren (alter Ausdruck):	Von rechts aufs Pferd steigen, da auch zu Pferd der Beizvogel links getragen wird. Im deutschsprachigen Raum gibt es so gut wie keine Falkner mehr zu Pferde.
Fangklaue (Petty single, Fang claw):	Der hintere, alleinstehende Finger des Falken; entsprechend beim Habicht. Vorzüglich zum Schlagen des Wildes geeignet, da die Atz- mit der Fangklaue einen Kreis bildet.
Fangschlaufe:	Vorrichtung aus tellerähnlichem Gestell, mit Federkranz und Schlaufe zum Wiedereinfangen verstoßener Vögel bzw. zum Einholen von Wildflugfalken.
Faustscheue	Widerwillen (Angst) der Beizvögel gegen die Faust des Falkners.
Faustvögel:	So werden alle Vögel genannt, die auf Ruf, Pfiff oder Lockung zur Faust des Falkners zurückkehren. Vögel, die ausschließlich aufs Federspiel oder auf den Balg zurückkehren, sind eigentlich selten.
Federspiel (Lure, Drawer):	So wurde früher die Beizjagd genannt. Heute versteht man unter „Federspiel" die aus Leder oder Stoff mit Fleisch und/oder Geflügelschwingen gespickten Attrappen, die dem Anlocken der Beizvögel und dem Training der Falken dienen.
Fesseln:	Allgemeiner Begriff für Lang- oder Kurzfessel (siehe dort).
Finger:	Beim Falken spricht man von Hand und Finger, beim Habicht und Adler von Fang (Fuß) und Zehen.
Flaggen:	Die Schulterfedern am Oberarmbein, Verbindung zu den Wannen (siehe dort).
Fliegen:	Wenn man den Vogel von der Faust wirft. „Ich fliege meinen Vogel aufs Federspiel."
Flug:	1. Vogel **vom Flug:** Ein Greifvogel, der als Beizvogel ein-

Falknersprache und falknerische Begriffe

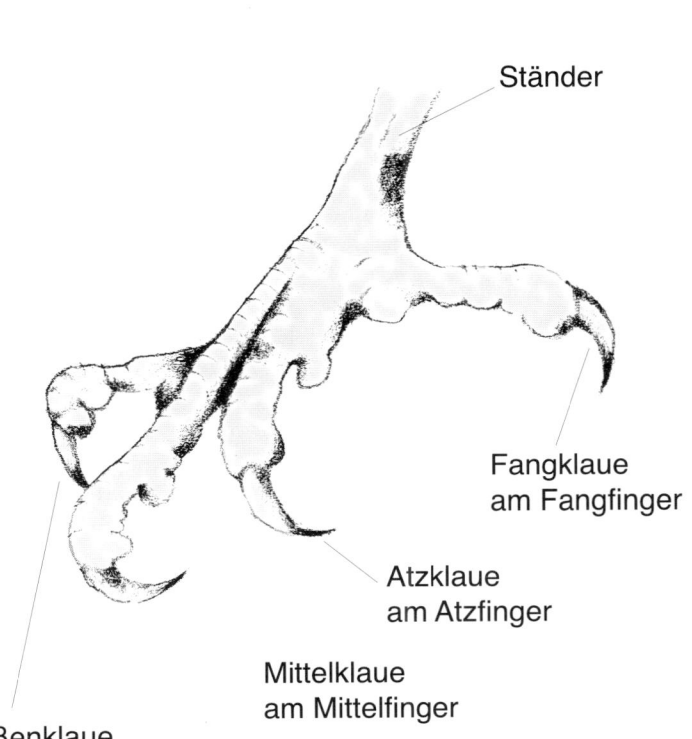

Hand eines Wanderfalken

(Nach einer Zeichnung von Steffen Meier.)

Anhang 1

gesetzt, geflogen wird. 2. Vogel **ohne Flug:** Greifvogel, der nicht (mehr) zur Beize geflogen wird (Falkenhöfe!). 3. Vogel vom **ersten, zweiten usw. Flug:** Ein Greifvogel (gleich welchen Alters), der im ersten, zweiten usw. Jahr als Beizvogel geflogen wird. (Heute – fälschlicherweise, aber eingebürgert – derart verwendet, wie ein Hund vom ersten, zweiten usw. Feld oder Behang, also um das wirkliche Alter des Vogels anzugeben, auch: Vogel vom 2. Flug und erster Mauser.) 4. **Hoher Flug:** Vögel vom Hohen Flug, Falken, die an hochfliegendem Flugwild jagen. Im Gegensatz dazu Habicht und Adler als Vögel vom **Niederen Flug,** d.h. Jagd auf „niederes Wild", wie Hasen und Kaninchen.

Form:	siehe Kondition.
Frons:	Nasse Frons ist eine Erkältungskrankheit der Beizvögel, verbunden mit Nasenfluß.
Führen:	Die unangenehme Eigenschaft mancher Beizvögel, leichteres Beutewild, Federspiel oder Balg zu leiten oder zu führen, also mit sich zu nehmen, um es versteckt zu atzen.
Füße (Food):	Fänge des Habichts und Adlers.
Geschüh (Jesses):	Die kurzen Fesseln, die der Beizvogel an den Füßen (Händen) trägt. Auch Wurffessel.
Gewölle (Pellet, Casting):	Unverdauliche Haar-, Feder- und Knochenreste, die der Beizvogel nach dem Verdauen wieder ausspeit.
Grimale (Hunger trace):	Lückenhafte Querlinien im Gefieder (meist Stoßpennen) der Greifvögel. Entstehen durchs Aushorsten, unregelmäßiges Atzen, besonders während der Mauser, oder Hunger, daher auch **Hungermale,** neuzeitlich auch: Streßmale.
Grimmen:	Das Kneten der Beizvögel mit den Füßen, besonders bei Adler und Habicht.
Habichtler (Hawker):	Falkner, die ausschließlich Habichte oder Sperber fliegen und abtragen.
Habichtssprenkel (Bloc, Perch with decoy owl):	Die bogenförmige Jule (siehe dort) für Habichte, auch **Habichtsbogen.**
Hagard (Haggard falcon):	Ein Wildfang-Beizvogel, der bei seiner Gefangennahme bereits das Altersgefieder trägt.
Halt(e)klauen:	Die Mittel- und Außenfinger (Zehen) der Greifvögel. Dienen zum Halten der Beute, des Wildes.

Hamen, Hame, auch Hamel, Hamer:	Alter – bis ins 15./16. Jahrhundert üblicher – Ausdruck für Block, eigentlich auch „sich verjüngende Säule" oder „Kegelstumpf". Ein Begriff, der später – irrtümlich? – durch Jule ersetzt wurde. Derselbe Ausdruck beschreibt im Vogelfang ein sich verjüngendes Sacknetz, und in der Jägersprache finden wir den „Hamer" (Hammer) als den oberen dicken Teil des Hinterlaufes beim Schwarzwild wieder.
Hände:	Die Fänge der abgetragenen Falken.
Hängeln:	sieht man oft einen Anwartefalken, wenn er mit ausgebreiteten Schwingen und „gering flatternden" Schwingenspitzen sich an einer Stelle in der Luft hält, „im Wind hängt".
Haube (Hood):	Falkenhaube, Kappe.
Horst (Eyrie):	Das Nest der Habichte, Sperber, Adler und eigentlich aller Greifvögel, nicht aber der Eulen.
Hosen:	siehe Dünnen.
Jagdfalken:	1. Volkstümlich: Alle Falken, die zur Beizjagd eingesetzt werden. 2. Ornithologisch *(Hierofalco):* Sammelbegriff für Gerfalken, Saker, Lanner, Lugger Präriefalken.
Jagdform:	siehe Kondition.
Janguli:	Eine Art Halsband aus mittelstarker Kordel, das den Habichten und Sperbern locker um den Hals und über Brust und Bauch gelegt wird, so daß der Falkner das Ende in den Händen hält. Es soll verhindern, daß beim schwungvollen Werfen des Vogels dieser nach hinten herunterfällt. Nur in der asiatischen Falknerei üblich.
Jerkin:	Männlicher Gerfalke. (Der Ursprung dieses Wortes ist in der europäischen Literatur nicht auffindbar, es wird vermutet, daß es ein neuzeitlicher amerikanischer Begriff ist, der sich bei uns zunehmend durchgesetzt hat.)
Jule:	„Sitz"-gelegenheit der Beizvögel.
Kalter Flügel:	Wenig fleischiger Hühner- oder Taubenflügel, der zum Lockemachen (siehe dort) dient, aber wenig Atzung bietet. Gegenstück Zieget, siehe dort.
Kämmen:	Das Hinüberstreichen und -stoßen der Beizvögel übers Federspiel oder den Balg; auch das übers Wild Hinwegstoßen und -streichen und nur einige Federn oder Haare mitnehmend, ohne ernsthaft Beute machen zu wollen.

Anhang 1

Kampfflug:	Ist die langsamere Form des Angriffsfluges, meist zu sehen, wenn der Beizvogel von der Größe oder Gefährlichkeit des Wildes beeindruckt oder „überzeugt" ist.
Kleben:	Wenn ein Beizvogel sich nicht vom Falkner entfernt.
Kompanie:	Vögel, die zu mehreren, meistens zu zweit, an ein und derselben Beute jagen.
Kondition (Condition), auch Form:	Die allgemeine physische Verfassung eines Beizvogels. Sie ist abhängig vom Haltungs-, Ernährungs-, Gesundheits- und Trainingszustand des Tieres. Man unterscheidet Mauser-K. (hohe oder fette), Nestlings-K. (mittlere bis gute), Jagd-K. und kritische K. (tiefe oder spitze). Jagdkondition beschreibt die Verfassung, in der der Greif beutebereit „sein sollte", doch gehört hierzu auch eine gewisse Motivation – siehe hierzu auch Text.
Kropf:	Einen vollen (oder guten) Kropf bekommt ein Vogel, wenn er aufgeatzt, einen halben Kropf, wenn er nur halb usw. aufgeatzt wird.
Kröpfen (to fed, to gorge):	Wenn ein Beizvogel Atzung zu sich nimmt, sich den Kropf füllt.
Kurzfessel (Short-leash):	Der kurze Lederriemen, der die Langfessel beim Habicht mit dem Geschüh verbindet, um dem Vogel auf der Reck z.B. mehr Bewegungsspielraum zu geben.
Lahnen:	Das unangenehme Hungergeschrei der Beizvögel, lästig und sehr verpönt. Oft eine Folge vom zu frühem Aushorsten oder zu engem Kontakt zum Menschen. Glücklicherweise verliert sich diese Eigenschaft i. d. R. nach der ersten Mauser.
Lange Penn*:	Die längste Schwungfeder der Schwinge.

---

* Bei der Kennzeichnung des Großgefieders der Beizvögel, also der Schwung- und Startpennen sowie der Wannen, haben sich unterschiedliche Bezeichnungen eingebürgert. Renz Waller[27], Dementjew[4] und einige ältere Falkner zählen die Schwungpennen von außen, beginnend mit der Säule (1), lange Penn (2), vorlange Penn (3) 4, 5 usw.; analog verfahren sie bei den Wannen und den Startpennen, also immer von außen nach innen.
Andere Autoren, z.B. Glutz[9], Schöneberg[23] und Fischer[8], genau wie die meisten Ornithologen, verfahren genau umgekehrt, also Säule 10, lange Penn 9 und so weiter; analog Startpenne außen 6, 5 usw. bis zur Deckpenne (1). Dieses Verwirrspiel ist besonders fatal bei der Beschreibung der für den Falkner so wichtigen Mauser der Beizvögel (und natürlich bei der Falknerprüfung). In diesem Buch wird durchgängig die Wallersche – falknerische – Zählweise verwendet, da sie mir aus falknerischer Sicht „logisch" erscheint.

Langfessel (Leash):	Mit dieser wird der Beizvogel mittels Falknerknoten an Block, Jule oder Reck „gefesselt", d.h. angebunden. Geschüh, Drahle, Kurzfessel, Drahle und Langfessel ist die „normale" Reihenfolge von Vogel Richtung Block.
Lapard:	Ein Wildfang, der nach Neujahr gefangen wurde (aber noch das Jugendgefieder trägt; sonst Hagard, siehe dort).
Lockbissen:	Ein kleines Stück Fleisch, also Atzung, um den Vogel „locke" zu machen und ihn zu belohnen.
Locke, locke machen (Lure):	Den Beizvogel zähmen, vertraut machen, ihn zum Beireiten auf Faust oder Federspiel veranlassen.
Lockfleisch:	Das Stückchen Fleisch auf Federspiel, Balg oder Faust, um den Beizvogel anzulocken.
Lockschnur (Creance):	Lange, dünne (aber feste) Schnur, auch Feldleine, mit der man die ersten Beireiteübungen des noch nicht sicheren Beizvogels durchführt. Länge ca. 30 bis 40 Meter.
Mauserfalke, -habicht (Moult falcon):	Falke, Habicht, der in der Mauser das Alterskleid angelegt hat. Man spricht vom Habicht in der zweiten, dritten usw. Mauser.
Melden:	Wenn ein Beizvogel auf der Faust eher als der Falkner Wild sieht und dies durch scharfes Hinsehen oder sonstiges Verhalten anzeigt (typisch beim Habicht und, noch ausgeprägter, beim Adler).
Mesken:	Die vier kleinen Pennen am „Daumen". Sie werden beim Wanderfalken während des Stoßes, im Verlauf dessen die Schwingen angelegt sind, abgespreizt, so daß der Vogel noch während des Stoßfluges korrigieren – steuern – kann.
Musket, Muschet:	Wird in der alten Literatur das Männchen des Sperbers genannt. Heute hat sich die Bezeichnung „Sprinz" durchgesetzt.
Nestling (Eyess):	Jeder Beizvogel, der jung aus dem Horst – Nest – genommen wurde.
Niederschlagen:	Wenn der Falke auf einen Beutevogel herabstößt und ihn durch die Wucht, durch den Schlag seiner Hände, zu Boden wirft.
Oberhand:	Teil der Falkenhand zwischen Fingerwurzel und Diehn, an dem Geschüh und Bell befestigt werden.
Öldrüse:	auch Bürzeldrüse.
Passagier, Passagefalke:	So wurde ein Falkenwildfang im Jugendkleid genannt, da diese Falken (in Europa früher von den Holländern)

Anhang 1

	gewöhnlich im Herbst auf dem Durchzug (der Passage) gefangen wurden.
Pennen* (Primary feathers):	So werden die zwölf Großfedern des Stoßes und die zehn großen Schwungfedern der Flügel genannt.
Punkten:	Jenes Aufsteilen, mit dem der Falke ein in Deckung niedergegangenes Beutetier (Rebhuhn) anzeigt.
Reck (Bloc, Perch):	Eine waagrechte Stange, auf der Beizvögel abgestellt werden; Niedere Reck, Hohe Reck und Rundreck. Die beiden letzteren haben ein Recktuch, damit der abspringende Vogel daran wieder hochklettern kann, ohne sich zu „verwickeln".
Reren:	Sich mausern. Alter Ausdruck, der bis ins 16. Jahrhundert üblich war. Findet sich noch im „Beizbüchlein" und in der „Wiener Falkenheilkunde".[15]
Ring:	Die Wachshaut am Schnabel der Greifvögel.
Ringholen (to ring, to wait on):	Das Kreisen der Beizvögel. Der wildringholende Beizvogel „schwimmt" (siehe auch schweimen) in hoher Luft ohne Schwingenschlag und läßt sich treiben, ohne auf den Falkner zu achten. Thermik, günstige Aufwinde begünstigen das Wildringholen.
Rolle:	siehe Bell.
Rothabicht, Rotfalke:	Vögel (früher nur Wildfänge) im – rötlichbraunen – Jugendkleid.
Rundreck:	Von Renz Waller 1967 erstmalig vorgestellte neue Reckform, die gegenüber der normalen Hohen Reck erhebliche Vorteile hat; siehe Text.
Säule*:	Die äußerste der zehn Schwungpennen.
Schellen:	Die Augenlider der Beizvögel.

Links oben: Voraussetzung für gute Flüge ist ein intaktes Federkleid; besonders die Schwung- und Staartpennen müssen in einwandfreiem Zustand sein. Sollte sich der Beizvogel während der Jagd einmal eine dieser Pennen gebrochen haben, ist Schiften angesagt. Das abgebrochene Federteil wird mittels Schiftnadel vorbereitet...
Rechts oben: ...die Schiftnadel am verbleibenden Teil eingeführt und fixiert...
Mitte links und rechts: ...und dann das gebrochene (inzwischen vorbereitete) Teil aufgesetzt.
Links unten: Noch ein bißchen Anpassen und Formen...
Rechts unten: ...und dann balliert der Vogel wieder voller Fluglust auf dem Block. Es kann wieder zum Jagen gehen... (Fotos: Verfasser)

Anhang 1

Schlagen
(to ruff, to strike): Allgemeiner Ausdruck für das Greifen der Beute.

Schiften (imping, imping needles) Das Reparieren, Aufpropfen der Ersatzfedern auf gebrochene Federn mittels Schiftnadel (imping needle), um den Beizvogel trotz gebrochener Pennen weiterhin flugfähig zu halten.

Schlechtfalke: In der alten Literatur der Wanderfalke. Schlecht = schlicht, weil der Wanderfalke geringer an Wert als Beizvogel eingeschätzt wurde als der Ger-, Island- oder Sakerfalke.

Schleppe: Ein Stück Fleisch, ein Beutetier oder den Balg an langer Schnur möglichst ruckartig über den Boden ziehen, um den Vogel, der sonst keinen Appell zeigt, herunterzubekommen.

Schmeiß, Schmeißen, Geschmeiß (mutes), siehe Schmelz.
Schmelz (mutes): Die Exkremente der Beizvögel. Ein Beizvogel schmelzt oder schmeißt, wenn er den Schmelz in weitem Bogen von sich wirft. Besonders beim Habicht sehr ausgeprägt.

Schweimen (siehe Ringholen): Kommt von „schwimmen" in oder auf der Luft. Thermik, schönes Wetter und günstige Winde verleiten die Vögel, besonders wenn sie nicht im Freien gehalten werden, zum Wildringholen oder Schweimen.

Schwere Falken: So werden Vögel genannt, die sich nicht zum Anwarten eignen.

Schwingen (Wing, Sail): Die Flügel der Greifvögel.
Sehen: Ein Beizvogel sieht, er äugt nicht.
Senken: Der Sinkflug des Falken, solange er nicht stößt. „Er senkt sich."

Spickbänder: Die farbigen, manchmal in Zierart kunstvollen Bänder am Federspiel; sie sollen es für den Vogel interessanter machen.

Spinnen, Spinnfeder, Spinnstab (Taming feather): Das Streicheln des Vogels mit einer Feder, um ihn an die Berührung mit der Hand zu gewöhnen.

Spitz: So nennt man einen Beizvogel in tiefer Kondition, da sein Brustbein „spitz" hervorsteht oder so zu fühlen ist.

Springen: Abspringen von der Faust oder dem Block aus Angst oder Unbehagen.

Sprinz (Tiercel):	Sperberterzel.
Staart, Start* (Stoop):	Der Stoß, also „Schwanz" der Greifvögel.
Stehen:	Ein Beizvogel steht auf der Faust, der Jule oder dem Block, er sitzt nicht, dies ist verpönt.
Steigen:	Jegliches nicht senkrechte Fliegen (Stoßen) des Falken. Man läßt ihn steigen.
Stoßen:	Das Herabstoßen auf Wild, um es zu schlagen.
Streichen:	Der Horizontalflug des Beizvogels.
Streßmale:	siehe Grimale.
Terzel (Tiercel):	So nennt man alle männlichen Beiz- (und Greif-)vögel, da sie in der Regel um ein Drittel (Terz) kleiner sind als die weiblichen. Ausnahmen in der Bezeichnung: Jerkin = Gerfalke, Saker = Sakret, Lanner = Lanneret, Sperber = Sprinz.
Trage:	siehe Cage.
Trifon Patrikejew:	Falkner bei Iwan Grosny IV., dem Schrecklichen, Pendant zu St. Bavon, dem Schutzheiligen der Falkner. Dem Zaren war sein geliebter weißer Gerfalke entflogen, und der Falkner Trifon hatte drei Tage Zeit, ihn wiederzubeschaffen. Am dritten Tag erschien ihm im Traum der Schutzheilige mit dem Falken und sagte ihm, wo er den Entflogenen suchen müsse. Er fand ihn und errichtete an der bewußten Stelle – im Wald von Mytischtschi in der Nähe Moskaus – eine Kapelle, die heute noch steht und wo die Trifon-Ikone zu besichtigen ist.
Trosch:	Der Federbusch auf der Haube.
Über Wind:	gegen den Wind.
Unter Wind:	mit Rückenwind.
Unterliegen:	Wenn ein Falke nicht in der Lage ist, die geschlagene Beute zu meistern.
Verdrucken:	Verdauen der Atzung.
Verräterei:	Durchgang geben, fortfliegen.
Verschwingen:	Das Unsichtbarwerden des Falken in hoher Luft. Er verschwingt sich.
Verstoßen:	Ein Beizvogel, der auf der Jagd verlorengeht, weil er unsichtbar anjagt oder etwas geschlagen hat oder sich beim Anwarten verschwingt, hat sich „verstoßen".
Verwerfen:	Das Verweigern der Atzung.

Vogelhund (Bird dog):	Jeder zur Beizjagd ausgebildete Hund, jeder Jagdgebrauchshund, der „unter dem Vogel geht".
Vorlange Penn*:	Diejenige Schwungpenn, die der längsten folgt; beim Falken die dritte von außen.
Vorlaß:	Lebende Tiere (i. d. R. Tauben), die dazu benutzt wurden, um Beizvögel wieder anzulocken oder sie an Beizwild zu trainieren. (Beachtung der heutigen Tierschutzgesetze!)
Wannen*:	Die zehn Federn am Unterarm des Flügels, die den Schwingpennen folgen.
Werfen:	Den Beizvogel zur Jagd werfen, abwerfen, von der Faust lassen.
Wildfang (Haggard):	Ein Beizvogel, der schon selbständig frei gejagt hat und dann gefangen wird, sofern er noch das Jugendkleid trägt, sonst Hagard.
Wildflug:	Wochenlanger Freiflug der jungen Beizfalken; siehe auch im Text.
Wildringholen:	siehe Schweimen.
Wurffessel:	siehe Geschüh.
Yarak:	Orientalischer Begriff für hohe Kondition, starke, durchtrainierte Muskeln und „wilde" Jagdleidenschaft. „Das Fliegen eines Beizvogels im Yarak."
Zieget:	Gut fleischiger Hühnerschenkel oder gut bemuskelte Kaninchenkeule (oder sonstiges), die einem Beizvogel in guter Kondition als Atzung gegeben werden und mit denen er sich möglichst lange beschäftigen kann (Gegenstück zum „kalten Flügel").
Ziehen:	siehe Streichen.
Ziliation:	siehe Aufbräuen.
Zurückstoßen:	So bezeichnet man das Verhalten des Beizvogels, wenn er die angegriffene Beute aus irgendeinem Grund scheut, abläßt, davor zurückschreckt.
Zwergfalk:	Merlin.

Anhang 2

Falknerorganisationen

DEUTSCHLAND
Deutscher Falkenorden (DFO)
Geschäftsstelle
Dr. med. vet. Susanne Hartmann
Schillerstr. 22
D-72666 Neckartailfingen
Orden Deutscher Falkoniere (ODF)
Geschäftsstelle
Christian Buchholz
Namslaustr. 36
D-13507 Berlin
Verband Deutscher Falkner (VDF)
Vorsitzender
Karl-Heinz Böttcher
Rodaer Str. 17a
D-07629 Hermsdorf

ÖSTERREICH
Falkner-Arbeitsgemeinschaft (FAG)
Postfach 221
A-1011 Wien
Österreichischer Falknerbund (Ö.F.B.)
Vorlaufstraße 1
A-1010 Wien
Österreichischer Falknerorden (ÖFO)
Neubergenstr. 8
A-1150 Wien
Österreichischer Falkner-Verband (ÖFV)
Postfach 46
A-2353 Guntramsdorf
Österreichische Vereinigung für Falkner und Falkenschutz (ÖVF)
Freiheitssiedlung 367
A-2285 Leopoldsdorf i. M.

Anhang 3

Literatur- und Quellenverzeichnis

1. **Baker,** J. A., Ich folgte dem Falken, Hamburg 1969
2. **Brüll, Trommer** (Hrsg.), Die Beizjagd, ^{4}1997
3. **Cornil,** R., Die Jagd und ihre Wandlung, Nachdruck der Originalausgabe von 1884
4. **Dementjew,** G. P., Der Gerfalke, 1968
5. **DFO,** Jahrbücher 1975 / 76–77 / 84 / 94, Melsungen-Schwarzenberg
6. **Dunkel,** Ulrich, Greifvögel, Hamburg 1978
7. **Fischer, Molitor,** Geschichte der hohen Jagd im Sauerland, Nachdruck der Originalausgabe von 1913
8. **Fischer,** Wolfgang, Der Wanderfalk, 1968
9. **Glutz, Bauer, Bezzel,** Handbuch der Vögel Mitteleuropas, Bd. 4 (Falconiformes), Frankfurt/M. 1971
10. **Hamerstrom,** Francis, Mein Adler kreist zum Himmel, Hannover 1973
11. **Kankel,** Jochen, Wo die Raubvögel horsten, Radebeul 1950
12. **Koke,** Otto, Blitz, der Habicht, Hannover ^{5}1969
13. **Kos,** Rolf, Greifvögel, Hannover 1969
14. **Kramer,** Volkhard, Habicht und Sperber, 1972
15. **Lindner,** Kurt, Die Deutsche Habichtslehre. Das Beizbüchlein und seine Quellen, Berlin 1955

16. **Lutz,** K. G., Die Raubvögel Deutschlands, Stuttgart 1887
17. **Lutze,** E., Fürstliches Jagen (nach Gemälden J. H. Tischbeins d.Ä.), Frankfurt/M.
18. **Masson,** Georgina, Friedrich II. v. Hohenstaufen, Reinbek 1958
19. **Mebs,** Theodor, Greifvögel Europas, Stuttgart 1964
20. **Monumenta venatoria,** Beizbüchlein, Nachdruck der Originalausgabe von 1480, Hamburg 1972
21. **ODF**-Jahrbücher, Eigenverlag ODF
22. **Richter,** Hugo, Renz Waller: Maler, Falkner, Schriftsteller, 1985
23. **Schöneberg,** Horst, Falknerei, Eigenverlag 1994
24. **„Schweizer Jäger",** 1996 Ausgabe 9–11, Serie „Quersuche" von Monika E. Reiterer
25. **Stern,** Horst, Mann aus Apulien, München 1988
26. **Stülcken,** Karl, Kleiner Vogel Greif, Frechen 1958
27. **Waller,** Renz, Der wilde Falk ist mein Gesell, Melsungen-Schwarzenberg ³1973
28. Das Jagdbuch des König Modus, Ms. 10218 der Bibliothèque royale Albert 1er Brüssel, Vorwort von D. Thoss, übersetzt von M. Haehn. Faksimile-Ausgabe Graz 1988
29. Fredericus II., De arte venandi cum avibus. Ms. Pal. Lat. 1071, Biblioteca Apostolica Vaticana. Faksimile-Ausgabe Graz 1969 mit einem Kommentar von Carl Arnold Willemsen (= Codices selecti vol. XXXI)

Der Autor:
Wolfram Martin, geb. 1945 in Lindenthal/Leipzig, kam schon „im zarten Alter von 14 Jahren" zur Falknerei. Er arbeitete auf verschiedenen Falkenhöfen, eignete sich dort praktische Fertigkeiten des Jagens mit dem Vogel an und flog Habichte, Falken und Adler. Sein biologisches Wissen um die heimischen Greifvögel erlangte er durch zahlreiche Exkursionen im Weserbergland. Mit 16 Jahren löste er den ersten Falknerschein und stellte sich seinen ersten eigenen Vogel auf, einen Habicht.

Mit dem überragenden Beizhabicht „Frigga" beizte er vom Hasen über Kaninchen, Fasan, Krähe und Ente alles, was ein Habicht in deutschen Landen schlagen kann. Berufs- und revierbedingt zog sich Martin Ende der siebziger Jahre aus der Falknerei zurück. 1993 erschien sein erstes Buch „Jagen mit dem Teckel" im Paul Parey Verlag, Hamburg; 1994 im Leopold Stocker Verlag, Graz, „Abschied von Elan – Graue Hunde, Elche, Nordische Jagd". Im Frühjahr 1998 erschien im Parey Buchverlag, Berlin, sein biografisches Werk „Wege, Wechsel, Widergänge", in dem u.a. auch sein Werdegang als Falkner beschrieben ist *(Foto: F. Siedel).*